Dios Te ha Bendecido

MI PRIMERA COMUNIÓN

Dynamic Catholic

Be Bold. Be Catholic.

Mi nombre es

Damian Loera

Dios me ha bendecido,
Dios me ha hecho maravilloso/a y
Extraordinario/a a su propia imagen.
Jesús quiere que yo me convierta
en la-mejor-versión-de-mí-mismo/a,
que crezca en virtud y viva una vida santa.

En este día

Oct/09/2020

Yo voy a recibir el maravilloso regalo
de Jesús durante mi Primera comunión.
Dios verdaderamente me ha bendecido.

De acuerdo con el *Código de la Ley Canónica,* por la presente yo concedo el *Imprimátur* ("Permiso para publicar") para *Blessed/Dios te ha Bendecido.*

Reverendísimo Dennis M. Schnurr
Arzobispo de Cincinnati
Arquidiócesis de Cincinnati
Cincinnati, Ohio
7 de septiembre de 2017

El *Imprimatur* ("Permiso para Publicar") es una declaración de que un libro está considerado libre de errores doctrinales y morales. Esto no implica que quienes han concedido el *Imprimatur* estén de acuerdo con el contenido, las opiniones o las declaraciones expresadas.

Índice

Sesión 1: El domingo Es Especial   1

Oración de Apertura

Sigue Contando Tus Bendiciones

Tu Camino con Dios Continúa

A Dios le Encanta Celebrar

¿Qué Hace que el Domingo Sea Especial?

De la Biblia: La Creación

Escuchando a Dios en la Misa

Muestra lo que Sabes

Diario con Jesús

Oración Final

Sesión 2: El Evento Más Grande Sobre la Tierra   53

Oración de Apertura

La Oración Perfecta

La Casa de Dios

El Tercer Mandamiento

Escuchando a Dios

De la Biblia: El Camino a Emaús

Tantas Maravillas

Muestra lo que Sabes

Diario con Jesús

Oración Final

Sesión 3: La Palabra de Dios   79

Oración de Apertura

Descripción General de la Misa

Los Ritos Iniciales

Liturgia de la Palabra

Creemos

De la Biblia: El Sembrador

Hasta que se Gaste

Muestra lo que Sabes

Diario con Jesús

Oración Final

Sesión 4: La Eucaristía   111

Oración de Apertura

Alimento para el Alma

Liturgia de la Eucaristía

La Sagrada Comunión

La Presencia Real

De la Biblia: La Última Cena

Jesús Está en Ti

Muestra lo que Sabes

Diario con Jesús

Oración Final

Sesión 5: Tu Primera Comunión   143

Oración de Apertura

Este Es un Día Especial

Estás Creciendo

La Preparación es Importante

La Eucaristía Nos Capacita para Hacer Grandes Cosas

De la Biblia: La Visitación

Tu Primera pero No Tu Ultima

Muestra lo que Sabes

Diario con Jesús

Oración Final

Sesión 6: La Familia de Dios   165

Oración de Apertura

Creados para la Misión

Tu Familia Parroquial

Haz la Diferencia

El Poder de la Oración

De la Biblia: Yo Siempre Estaré con Ustedes

Confiando en Dios

Muestra lo que Sabes

Diario con Jesús

Oración Final

Mi pequeño Catecismo   193

Derechos de Autor y Reconocimientos   226

1
El domingo Es Especial

_____

Dios nuestro, Padre amoroso,
gracias por todas las formas en que me bendices.
Ayúdame a estar consciente de que cada persona,
cada lugar, y cada aventura que experimento
es una oportunidad para amarte más.
Lléname con el deseo de cambiar y crecer,
y dame la sabiduría para escoger ser
la-mejor-versión-de-mí-mismo/a en
cada momento de cada día.

Amén.

Sigue Contando Tus Bendiciones

¡Bienvenido/Bienvenida! Es hora de que juntos emprendamos otra gran aventura.

Una de las bendiciones más grandes que experimentarás en esta vida es la Eucaristía. Así que este caminar hacia tu Primera Comunión es muy importante.

Dios te está invitando a un gran banquete. Dios te ha bendecido.

Dios te ha bendecido de muchas maneras. Pero cada bendición que experimentas fluye de la primera bendición. Tú eres hijo/a de Dios; esa es la bendición original.

Y ahora ¡Dios quiere bendecirte con la Eucaristía!

Esta noche, cuando cuentes tus bendiciones antes de irte a la cama, acuérdate de incluir tu comida favorita, las personas que amas, tus talentos, tus actividades y lugares favoritos, y sobre todo a Dios por darte todas estas bendiciones.

Tu Camino con Dios Continúa

Nosotros continuamos nuestro caminar con Dios. Pero antes revisemos a dónde hemos estado y hacia dónde vamos.

Bautismo

Antes de que Jesús iniciara su ministerio Él visito a su primo, Juan el Bautista, en el desierto. Juan estaba bautizando a muchas personas en el río Jordán para prepararlos para la venida del Mesías.

Juan animaba a todas las personas que conocía a regresar a Dios, reconocer sus pecados, y buscar el perdón de Dios.

Cuando Jesús llegó al río Jordán, le pidió a Juan que lo bautizara. Al principio Juan se negó porque sabía que Jesús era el Mesías y, por lo tanto, Él no tenía ningún pecado. Pero Jesús insistió.

Jesús no necesitaba ser bautizado para que le perdonarán los pecados, algo que tú y yo sí necesitamos, pero Él quería hacerlo para enseñar con el ejemplo. Él fue completamente divino, pero también era completamente humano. Al permitirse ser bautizado, Jesús demostró un gran amor y respeto por nuestra humanidad.

Cada año la Iglesia celebra el bautismo de Jesús en el último día de la temporada de Navidad. Nosotros celebramos su bautismo porque nos recuerda todo lo que Jesús hizo para que fuéramos felices en esta vida y que seremos mucho más felices — aún más de lo que nos podemos imaginar — cuando estemos con Él en el Cielo para siempre.

¿Sabes cuándo y dónde te bautizaron? El Bautismo fue el inicio de tu nueva vida en Jesús. Fue cuando te convertiste en miembro de su Iglesia y te uniste a la familia más grande y famosa del mundo. Tú probablemente no recuerdas tu Bautismo pero fue uno de los momentos más poderosos de tu vida.

Así como la Iglesia celebra el bautismo de Jesús, nosotros debemos de celebrar nuestro propio bautismo. Este año celebra el día de tu Bautismo como celebrarías tu cumpleaños.

Primera Reconciliación

José era uno de 13 hermanos. José no le caía bien a sus hermanos mayores porque él tenía sueños fabulosos. Un día mientras él estaba trabajando en los campos, sus hermanos lo engañaron y lo vendieron como esclavo. Él fue enviado a Egipto y forzado a quedarse ahí, lejos de su familia y amigos.

Años después, una terrible hambruna se esparció por la tierra y la familia de José se estaba muriendo de hambre. Egipto era el único país que estaba preparado para la hambruna, así que el Faraón designó al gobernador para que estuviera a cargo de toda la comida. Los hermanos de José fueron a Egipto a suplicarle al gobernador por comida. Ellos no se dieron cuenta que el gobernador era José, el hermano que ellos habían vendido como esclavo.

José tenía una decisión que tomar, guardar resentimiento hacia sus hermanos por haber sido tan malos con él o escoger perdonarlos.

El había sufrido mucho por lo que sus hermanos le habían hecho, pero José era bondadoso y misericordioso y decidió perdonarlos.

Cuando José se reveló ante sus hermanos ellos se sorprendieron.

La vida puede ser muy confusa. Nosotros cometemos errores y de vez en cuando hacemos cosas que no deberíamos. Quizás nosotros no vendemos a nuestros hermanos para que sean esclavos, pero si ofendemos a Dios y herimos a los demás. A esto lo llamamos pecado, y pecar nos hace infelices. El pecado nos separa de Dios. La Reconciliación nos reúne con Dios y nos llena de gozo otra vez.

¿Cuándo recibiste tu Primera Reconciliación? Tu Primera Reconciliación fue una gran bendición y es una bendición que puedes recibir todas las veces que quieras durante toda tu vida. Yo te motivo a que asistas a la Reconciliación y le abras tu corazón a Dios en cualquier momento que te sientas lejos de Él. Él te dará la paz y el coraje para continuar.

Primera Comunión

Tu camino con Dios es un caminar espiritual. En el camino tendrás que tomar muchas decisiones. Algunas serán grandes y otras muy pequeñas. Cada decisión que tomas te cambiará para siempre. Esta es una de las muchas razones por las que Dios quiere ayudarte a convertirte en una persona que sabe tomar decisiones.

Tú te estas preparando para tu Primera Comunión. Recibir a Jesús en la Eucaristía todos los domingos es una de las grandes bendiciones de nuestra vida. Es una bendición para toda la vida. Recibir a Jesús en la Eucaristía cada domingo en la Misa te llenará de todo lo que necesitas para poder vivir una vida maravillosa.

Jesús se entrega a ti en la Eucaristía. Él te da su apoyo para que tú puedas perseverar en tiempos de dificultad. Y te da su sabiduría para que puedas convertirte en una persona que sabe tomar decisiones.

Después de tu Primera Comunión, tú podrás recibir a Jesús en la Eucaristía cada domingo por el resto de tu vida. En la Eucaristía, Jesús quiere motivarte y apoyarte. Él quiere ayudarte a que perseveres en los momentos de dificultad, Él quiere darte la sabiduría que necesitas para convertirte en una persona que sabe tomar decisiones, y Él quiere enseñarte como ser un buen amigo/a.

Una de las promesas que Jesús hizo a sus discípulos antes de ascender al Cielo fue que Él siempre estaría con nosotros. Jesús mantiene su promesa en la Eucaristía. Nosotros vamos a la Iglesia los domingos para estar con Jesús. Es más, cada vez que sientas confusión o estés enojado/a o tengas una gran noticia que compartir, es maravilloso poder pasar a la iglesia y sentarse con Jesús por unos minutos. Él siempre está esperando por nosotros en el Sagrario. Es una gran bendición que Jesús siempre este con nosotros en la Eucaristía.

Confirmación

Dios quiere una colaboración dinámica contigo. Él no quiere mover su mano y hacer que todo suceda exactamente como Él lo quiere. Dios ama la amistad y Él quiere ser tu amigo.

Antes de que Jesús vinera a la Tierra, un ángel se le apareció a Maria y le preguntó si ella estaría dispuesta a ser la madre del Salvador del mundo. María dijo, "¡Sí!".

Dios no necesitaba a María. Él podría haber salvado al mundo por sí solo. Pero Dios no lo quería así. Dios quería una amistad dinámica con María.

Dios quiere una amistad dinámica contigo también.

Pero, ¿te puedes imaginar cómo sería el mundo si María no hubiera dicho "sí"?

¿Qué hubiera pasado si ella hubiera dicho que no a la misión que Dios había creado para ella?

Dios te ha creado a ti para una misión especial. Hay mucha necesidad en el mundo. Las personas están hambrientas, solas, enfermas y asustadas. Tu misión es aliviar el sufrimiento de muchos. Pero, así como María, tú tienes el poder de decidir si aceptas o no la misión que Dios te ha dado.

Algunas personas se preguntan porque el mundo se ha hecho tan desordenado. Ellos se preguntan porque hay tanto dolor y sufrimiento en el mundo. La razón es simple: el mundo es un desorden porque muchas personas le dijeron que no a Dios y rechazaron sus misiones.

Así como Maria y los santos, tú fuiste hecho para la misión. Dile sí a Dios.

Cuando seas un poco mayor, recibirás el Sacramento de la Confirmación. Esté es otro maravilloso Sacramento. Atreves del Sacramento de la Confirmación Dios te llenará con el Espíritu Santo para que puedas descubrir y cumplir la misión que Dios te ha confiado.

Matrimonio

Dios ama las relaciones entre las personas, y Él desea que tú tengas relaciones fabulosas. Una de las relaciones con las que Él puede escoger bendecirte es con la del matrimonio.

En el Sacramento del Matrimonio, Dios junta a un hombre y una mujer para que se valoren mutuamente, se amen el uno al otro, y se ayuden a convertirse en la-mejor-versión-de-sí-mismos, crezcan en virtud, y vivan juntos una vida santa.

Si asistes a una boda, puede que tú escuches un pasaje bíblico que San Pablo escribió sobre el amor. Sus palabras han inspirado a cada generación a amar como Dios ama:

"El amor es paciente, es servicial; el amor no es envidioso, no hace alarde, no se envanece, no procede con bajeza, no busca su propio interés, no se irrita, no tienen en cuenta el mal recibido, no se alegra de la injusticia, sino que se regocija con la verdad. El amor todo lo disculpa, todo lo cree, todo lo espera, todo lo soporta".

1 Corintios 13, 4-7

Orden Sacerdotal

Cada domingo el sacerdote celebra la Misa. Él te bendice y te dirige en oración, te enseña, canta contigo y alimenta tu alma con el Cuerpo y la Sangre de Jesús.

Pero alguna vez te has preguntado ¿qué es lo que un sacerdote hace durante la semana?

Durante la semana, tu sacerdote visita a los enfermos, reza por ti y por todos en tu parroquia, celebra Misa cada día, entierra a los muertos, pasa un tiempo con los que están solos, y da aliento a los desesperados.

Pero él también hace muchas cosas ordinarias también, como ejercitarse y comer, leer y visitar a su familia y amigos.

Jesús dio su vida por nosotros. Él dio su vida por nosotros en la cruz, y Él nos llama a dar la vida unos por los otros. Los sacerdotes dan su vida para amar a Dios y servir al pueblo de Dios. La misión del sacerdote es amar a Dios por medio del servicio a su pueblo.

Desde el tiempo de Jesús, Dios ha escogido hombres para que sirvan a su pueblo. En el Sacramento del Orden Sacerdotal, la Iglesia ordena a estos hombres como diáconos, sacerdotes y obispos.

Una noche antes de que Él muriera en la cruz, Jesús lavó los pies de sus discípulos. En el tiempo de Jesús solo los sirvientes y los esclavos lavaban los pies de las personas. Pero Jesús era diferente. Con el ejemplo Jesús demostró que todos estamos llamados a servir.

Unción de los Enfermos

A diario suceden milagros a nuestro alrededor. En los Evangelios de Mateo, Marcos, Lucas y Juan, podemos leer todo lo referente a los milagros que hacia Jesús: convertir el agua en vino, sanar a los enfermos, hacer que los ciegos vuelvan a ver, que los sordos oigan, que los cojos caminen, sacar los demonios, dar de comer a miles de personas, resucitar a los muertos, calmar las tormentas y caminar sobre las aguas.

Un día, una persona paralitica quería ver a Jesús, pero como no podía caminar sus cuatro amigos decidieron llevarlo cargado hasta dónde Él estaba. Pero cuando llegaron a la casa dónde Jesús estaba enseñando, no pudieron entrar. Había muchas personas.

Los cuatro hombres estaban empeñados en ayudar a su amigo, así que lo subieron al techo de la casa y por ahí lo bajaron hasta que el quedo en presencia de Jesús. Al ver la fe de esos hombres, Jesús sanó al paralitico, quien inmediatamente se paró y salió caminando.

Tu camino con Dios es maravilloso. Pero si en el trayecto te enfermas y necesitas que Dios sane tu cuerpo, mente, o espíritu, tu recibirás la bendición de la Unción de los Enfermos.

A lo largo del camino experimentarás estos grandes Momentos Católicos a los cuales llamamos Sacramentos. Cada uno de ellos es una bendición y todos están conectados. Estos grandes momentos están designados por Dios para ayudarte a vivir una vida buena aquí en la Tierra, y a la vez prepararte para vivir feliz con Dios en el cielo para siempre.

¡Dios te ha bendecido!

A Dios Le Encanta Celebrar

Como católicos, celebramos muchas cosas. Celebramos la Pascua de Resurrección y la Navidad, celebramos los días de fiesta y los cumpleaños, celebramos a Dios y los unos a los otros. ¿Alguna vez te has preguntado por qué los católicos celebramos tanto? La razón es que a Dios le encanta celebrar.

Días Favoritos

Cada día es especial a su manera porque la vida es especial. Cada día de la vida debe ser atesorado. La vida es preciosa. La vida es sagrada. La vida es especial.

No obstante, todos tenemos favoritos — colores favoritos, canciones favoritas, y comida favorita. ¿Tienes días favoritos?

Cada año, algunos de mis días favoritos son: el día de Navidad, el de la Pascua de Resurrección, el de mi cumpleaños, y el día de fiesta de mis santos favoritos. ¿Cuáles son tus tres días favoritos de cada año?

Tu Día Especial

Dios le da a cada persona un día especial cada año. A ese día lo llamamos tu cumpleaños. ¿Qué te gusta hacer el día de tu cumpleaños? ¿Cuál es tu recuerdo favorito de ese día?

La Primera Vez

La primera vez es importante. La primera vez que tú haces algo es muy importante. Solo hay una primera vez y tú no puedes tener otra nuevamente.

A través de los Evangelios muchas veces escuchamos historias fabulosas sobre la primera vez que las personas se encontraron con Jesús. Uno de esos grandes ejemplos es la historia de Zaqueo, un recolector de impuestas que era conocido por ser un hombre muy deshonesto.

Un día cuando Jesús estaba caminando, una gran multitud lo seguía, haciendo muy difícil que cualquier persona lo pudiera ver. Zaqueo quería tanto ver a Jesús que se subió a un árbol para poder verlo aunque sea de lejos.

Ese primer encuentro con Jesús cambió la vida de Zaqueo. El renunció a sus formas deshonestas e hizo todo lo posible para compensar todo lo que había hecho mal.

La primera vez puede ser muy especial.

Mientras nos preparamos para tu Primera Comunión, recordemos que esta primera vez es única y que nunca puedes tener otra.

Cada domingo cuando tú vas a Misa tú tendrás la bendición de recibir a Jesús en la Eucaristía. Pero hay algo muy especial cuando lo recibes por primera vez. Así qué es muy importante que tú pongas mucha atención a todo lo que tus padres y tus maestros están compartiendo contigo acera de este evento tan especial de tu vida.

Esta primera vez nunca se repetirá. Así que tienes que apreciarla y atesorarla.

Días de Fiesta

A los católicos nos encanta celebrar. Así que tenemos planeado todo un año de celebraciones. Los puntos culminantes del año de la Iglesia son la Navidad y la Pascua de Resurrección. Pero también celebramos a los grandes campeones espirituales de nuestra familia católica. A estos hombres, mujeres, y niños los llamamos ¡santos!

¿Quién es tu santo favorito? ¿Cuándo es su día de fiesta? ¿Por qué te inspira este santo?

El Día Favorito de Dios

A Dios le encanta pasar tiempo con nosotros. A Él le encanta que pasemos unos minutos hablando con Él cada día. Le encanta cuando vamos a visitarlo en la iglesia el domingo. Le encanta pasar tiempo contigo. Dios sonríe cuando Él te ve llegar a Misa el domingo.

El domingo es el día favorito de Dios.

¿Qué Hace que el Domingo sea Especial?

El domingo es un día especial.

La mayoría de las personas solo disfrutan alrededor de cuatro mil domingos en toda su vida. Eso pareciera que son muchos domingos, pero la verdad es que se pasan muy rápidamente. Probablemente, tú ya has experimentado unos 420 domingos. Así que no desperdicies ni uno solo. Haz que cada domingo sea un día especial

¿Cuáles son tres cosas que tú puedes hacer para que domingo sea un día especial?

Ir a la iglesia, pasar tiempo con tu familia y descansar.

Hay muchos días especiales, pero la mayoría de ellos pasan solamente una vez al año, y algunos pasan solo una vez en tu vida. Una de las cosas hermosas acerca del domingo es que pasa cada semana.

El domingo es el *Sabbath*. El *Sabbath* es un día especial de descanso y adoración.

Todos necesitamos hacer una pausa de vez en cuando para descansar. Cada noche descansamos durmiendo. Y una vez a la semana, Dios quiere que descasemos de una manera especial para que nos llenemos de alegría y compartamos esa alegría con todas las personas que llegan a nuestra vida.

La primera historia de la Biblia nos habla sobre como Dios creó al mundo. Él terminó la creación en el sexto día, y la Biblia nos dice que Él descansó en el séptimo día. Es por eso que descansamos el domingo. El descanso es santo.

Dios te ama tanto que quiere que te cuides mucho.

Nosotros nos cuidamos:

° **Comiendo bien**
° **Tomando mucha agua**
° **Haciendo ejercicio regularmente**
° **Rezando todos los días**
° **Durmiendo lo necesario**
° **Descansando los domingos**

El domingo también es un día de adoración. Vamos a Misa para rendirle culto a Dios, para adorarlo. Hay muchas maneras de hacerlo, pero una manera de hacerlo todos los días es dándole gracias por las muchas formas en que nos ha bendecido.

¿Has contado tus bendiciones hoy? ¿Por qué estás más agradecido/a hoy?

Una de las cosas que hace que el domingo sea un día especial es que vamos a la iglesia. Nosotros alabamos y le damos gracias a Dios asistiendo a Misa cada domingo. ¿Cuál es el nombre de la iglesia a la que vas a Misa los domingos?

De la Biblia: La Creación

El primer día Dios creó el día y la noche, la luz y el tiempo.

El segundo día Dios creó el cielo.

El tercer día Dios creó la Tierra, los mares,
las plantas, y los árboles.

El cuarto día Dios creó el sol, la luna, y las estrellas.

El Quinto día Dios creó las aves y los peces.

El sexto día Dios creó el ganado, los insectos, los animales salvajes,
y los seres humanos.

Y Dios no solo nos creó; Él nos creó a su propia imagen.

¿Qué significa que fuimos creados a imagen de Dios? Quiere decir
que Dios nos hizo parecidos a Él. Nosotros podemos razonar,
podemos soñar, sabemos distinguir el bien del mal, somos capaces
de ser santos, y de desarrollar amistades saludables.

Estar hechos a imagen de Dios es una gran bendición, y las bendiciones conllevan responsabilidades. Dios hizo a la humanidad responsable de la administración de la creación. Él nos dio la mente y los valores morales necesarios para cuidar de toda la creación.

Cuando Dios había terminado el trabajo de la creación, "Dios vio que todo cuanto había hecho era muy bueno" (Génesis 1,31).

Dios dijo – ¡Es bueno! Y bendijo la creación.

En el séptimo día Dios descansó. Lo llamamos el *Sabbath*, que significa día de descanso y oración.

El domingo es un día de descanso. Dios bendijo el descanso, descansando. Al bendecir el descanso Él nos enseña que el descanso es santo.

El domingo es también un día de gratitud.

Un domingo mientras caminaban hacia la iglesia, Samuelito le preguntó a su papá, "¿Por qué vamos a la iglesia todos los domingos?" Su papá sonrió y respondió, "Por muchas razones, pero una de las razones más importes es: darle gracias a Dios por todas las formas en que nos ha bendecido esta semana"

¡Toda bendición viene de Dios!

¿Alguna vez le diste un regalo a alguien que no lo agradeció? Tal vez no dijo gracias, o quizás lo tiró a un lado como si fuera basura. ¿Cómo te hizo sentir eso?

Dios nos ha bendecido con tantos regalos. Ir a Misa el domingo es una excelente manera de mostrarle a Dios que estamos agradecidos.

Escuchando a Dios en la Misa

Alguna vez te has preguntado, "¿Cómo es Dios en realidad?" Es una gran pegunta. Sabemos muchas cosas sobre Dios y aún es un hermoso misterio, porque aun así todavía no sabemos todo acerca de Él.

Sabemos que Dios es amor. Que Dios cumple sus promesas. Sabemos Dios se preocupa por cada persona. Sabemos que Dios lo sabe todo. Sabemos que Dios es santo. Sabemos que Dios es todopoderoso. Sabemos que Dios tiene un plan y sabemos que Dios es inmutable.

En la Biblia leemos como Dios le habló a Adán y a Eva, Noé, Abraham, Moisés, Isaac, Jacob, Rebeca, María, y a muchos otros.

¿Recuerdas la última cosa que dijimos que sabemos sobre Dios?

Dios es inmutable.

Y así como le habló a personas en la antigüedad, le habla a las personas en todos los tiempos, y nos habla a ti y a mí hoy. Él nos habla a través de las Escrituras. Él nos habla a través de otras personas. Él nos habla a través de la Iglesia y Él nos habla en nuestro corazón.

El domingo, en la Misa, Dios quiere hablarte a ti. A mí me gusta llevar un pequeño diario conmigo a la Misa para anotar lo que Él me dice en mi corazón.

Al inicio de la Misa yo le pido: "Dios, por favor, en esta Misa, muéstrame una manera de convertirme en la-mejor-versión-de-mí-mismo esta semana". Entonces escucho las lecturas, las oraciones, la música, la homilía, y el silencio de mi corazón, y escribo lo que siento que Dios me está diciendo.

Cada domingo, en la Misa, escribe en tu Diario de la Misa una cosa que Dios te dice. Te asombrará cómo Dios te anima y te reta a convertirte en la-mejor-versión-de-ti-mismo/a, a crecer en la virtud, y a vivir una vida santa.

Cada día es un nuevo día en tu camino con Dios — y cada día Dios tiene un mensaje que está tratando de compartir contigo.

Muestra lo que Sabes

Verdadero o Falso

1. __V__ Tu estas caminando con Dios hacia tu Primera Comunión.

2. __V__ Dios te ha bendecido.

3. __F__ A Dios nunca le gusta celebrar.

4. __V__ Tú tendrás solamente una Primera Comunión en tu vida.

5. __V__ El domingo es un día para mostrar gratitud.

Llena los Espacios en Blanco

1. Tú estás en un gran __caminar__ con Dios.

2. Una de las grandes bendiciones que recibirás en tu vida es la __eucaristia__.

3. Dios está __invitandote__ a un gran banquete.

4. Una manera de rendirle culto a Dios cada día es contando tus __bendiciones__.

5. 5. Después que Dios terminó el trabajo de la Creación, dijo que todo era __bueno__, ¡hasta los insectos!

6. Dios nos creó a _____su_____ imagen y semejanza.

7. El domingo es un día especial para _descansar_

   y _adorar_ a Dios.

8. _Alabamos_ y _damos gracias_ a Dios
   asistiendo a Misa todos los domingos.

9. Así como lo hizo en la antigüedad, Dios nos _habla_
   a ti y a mí.

10. Asistir a Misa los domingos es una excelente manera de
    mostrarle a Dios que estamos _agradecidos_

Lista de Palabras

ALABAMOS   HABLA   CAMINAR   BUENO   DAMOS GRACIAS   INVITÁNDOTE
DESCANSAR   SU   AGRADECIDOS   EUCARISTÍA   ADORAR   BENDICIONES

Diario con Jesús

Querido Jesús,

Los domingos son especiales porque . . .

Es un dia para descasar.
Es un dia para pasar tiempo
con la familia.
Es un dia para ir a la
iglesia a darle gracias al
Dios por toda las bendiciones.

Oración Final

Cuando el hijo de Zacarías, Juan el Bautista, nació, Zacarías desbordaba de gratitud. Después de meses sin poder hablar, Zacarías estalló en un canto de alabanzas, dándole gracias a Dios por el regalo increíble que le había dado.

Zacarías nos recuerda la importancia de expresarle nuestra gratitud a Dios.

Jesús está siempre con nosotros en la Eucaristía. ¡Este es un regalo increíble! Para mostrarle a Dios cuán agradecidos estamos por el regalo de Jesús, alabémosle usando las palabras de Zacarías:

Bendito sea el Señor,

el Dios de Israel,

porque ha visitado y redimido a su pueblo,

y nos ha dado un poderoso Salvador

en la casa de David, su servidor,

como lo había anunciado mucho tiempo antes,

por boca de sus santos profetas,

para salvarnos de nuestros enemigos

y de las manos de todos los que nos odian.

Así tuvo misericordia de nuestros padres

y se acordó de su santa Alianza,

del juramento que hizo a nuestro padre Abraham

de concedernos que, libres de temor,

arrancados de las manos de nuestros enemigos,

lo sirvamos en santidad y justicia,

bajo su mirada,

durante toda nuestra vida.

Lucas 1,68-75

2

El Evento Más Grande Sobre la Tierra

———————

Dios nuestro, Padre amoroso,
gracias por todas las formas en que me bendices.
Ayúdame a estar consciente de que cada persona,
cada lugar, y cada aventura que experimento
es una oportunidad para amarte más.
Lléname con el deseo de cambiar y crecer,
y dame la sabiduría para escoger ser
la-mejor-versión-de-mí-mismo/a en
cada momento de cada día.

Amén.

La Oración Perfecta

Dios te ha bendecido. Una de las bendiciones más grandes que Dios nos da a los católicos es la Misa.

Hay muchos tipos distintos de oración. Hay oraciones de acción de gracias, en las que le damos gracias a Dios por todas las formas en que nos bendice. Hay oraciones de petición o intercesión, en las que le pedimos a Dios algún favor. Hay oraciones de alabanza, en las que alabamos a Dios por ser Dios. Y hay oraciones de adoración en las que adoramos a Dios.

La Misa encierra cosas muy increíbles, una de ellas es que combina todas estas formas de oración. Y es por eso y por muchas cosas más que la Misa es la oración perfecta. Otra razón es porque en ella le presentamos una ofrenda perfecta a Dios. Jesús, quien murió por nosotros en la cruz, es esa ofrenda perfecta.

Cada vez que tu recibes a Jesús en la Sagrada Comunión, Dios te llena con su gracia de una manera especial, para que puedas convertirte en ¡la-mejor-versión-de-ti-mismo/a!

Ir a Misa cada domingo es un gran privilegio. La Misa es la oración perfecta. Es la manera perfecta de reunirnos como una comunidad de creyentes y alabar a Dios.

En la Misa recordamos la ultima cena de Jesús, su muerte en la cruz, y su Resurrección. También tenemos la oportunidad de Recibirlo a Él en la Eucaristía. La Eucaristía es una celebración del amor de Dios por nosotros y un recordatorio de que Dios siempre está con nosotros.

El día de tu Primera Comunión va a ser un día muy especial en tu vida.

La Casa de Dios

¿Dónde celebramos la Misa? ¡En la casa de Dios! Así es.

La iglesia es la casa de Dios. Dios es tan brillante que, en su sabiduría todopoderosa, sabía que sería importante para nosotros pasar tiempo con Él en su casa.

¿Por qué? Bueno, ¿Alguna vez has notado que cuando estás alrededor de personas buenas, bondadosas, generosas, y consideradas, ellas te inspiran a ser bueno, bondadoso, generoso, y considerado también?

Cuando pasamos tiempo con Dios, Él nos inspira a ser buenos — y no simplemente buenos, sino lo mejor posible. Dios quiere que vivas la mejor vida imaginable y que te conviertas en la-mejor-versión-de-ti-mismo/a, crezcas en virtud y vivas una vida santa.

Cuando pasamos tiempo con Dios, Él nos llena con su gracia para que podamos vivir una vida santa. Así que cada domingo nos invita a ir a su casa para una gran celebración. A esa celebración la llamamos la Misa. Pero Dios siempre está feliz de vernos. Es bueno ir a la iglesia durante la semana algunas veces, y sentarnos a hablar con Dios sobre lo que está pasando en nuestra vida. A Él Le encanta cuando le hablamos y le contamos lo que está pasando en nuestras vidas.

El Tercer Mandamiento

Cuando Moisés subió al Monte Sinaí para hablar con Dios, Dios no le dio cien o mil mandamientos. ¿Cuántos mandamientos le dio Dios a Moisés para que los compartiera con el pueblo?

Así es, solamente diez.

¿Recuerdas lo que dijimos de los Diez Mandamientos cuando estábamos preparándonos para tu Primera Reconciliación?

Vamos a verlo de nuevo.

Los Diez Mandamientos son una bendición que Dios le dio a su pueblo. Ellos nos ayudan a convertirnos en la-mejor-versión-de-nosotros-mismos, a crecer en virtud, y a vivir una vida santa. Ellos nos enseñan la mejor manera de vivir.

Y como son tan pocos, cada uno de ellos es muy importante.

¿Recuerdas cuál es el tercer mandamiento? Correcto. "Recuerda santificar el Día del Señor". Él domingo es el Día del Señor. Es el Sabbath. Es el día de Dios Y es muy importante recordarlo. ¿Cómo santificamos el Sabbath? Asistiendo a Misa.

Ir a Misa es la cosa más importante del día domingo. Dios quiere vernos y pasar un tiempo con nosotros. Aún si tenemos un juego de fútbol o un día de campamento, la expectativa de Dios es que nosotros hagamos tiempo para ir a Misa.

Él te da vida cada momento del día. Él llena tu vida de oportunidades fabulosas. Él te bendice de tantas maneras. Y Él te pide que lo visites en su casa por una hora cada semana.

¿Cuántas horas hay en una semana? En una semana hay siete días, y cada día tiene veinticuatro horas: 7 x 24 = 168. De las 168 horas que hay en cada semana, Dios te pide que vayas a su casa por una hora. ¿Es eso mucho pedir?

Nosotros debemos de estar emocionados de llegar allí cada domingo para darle gracias a Dios por todas las formas en que nos ha bendecido, para darle gracias por la vida, y simplemente para estar un tiempo Él.

Escuchando a Dios

Cuando llegas a la iglesia cada domingo, es bueno dedicar unos minutos para estar tranquilo/a y en silencio antes de que empiece la Misa. Esto nos ayuda a oír lo que Dios quiere decirnos.

Dios nos habla de muchas maneras.

Dios nos habla a través Biblia. Él nos habla a través de la Iglesia. Él nos habla en nuestro corazón. Él nos habla a través de otras personas y a través de situaciones. Y le habla a nuestro corazón de una manera especial durante la Misa.

Aprender a escuchar la voz de Dios es una de las lecciones más importantes que podemos aprender en la vida, pero aprender a escuchar su voz toma mucha práctica. Una excelente manera de practicar es poniendo atención durante la Misa. Se podría decir que, vamos a Misa el domingo para que Dios nos dé instrucciones para la semana.

Probablemente Dios no se te aparecerá en persona a hablar contigo. Puede que Él te hable a través de una de las lecturas, o a través de la música o de la homilía, o simplemente en el silencio de tu corazón.

Dios puede decir, "quiero que practiques a ser más paciente con tu hermanito/a esta semana". Él puede decir, "quiero que escuches a tus padres y hagas lo que te pidan sin dudar". O puede decir, "quiero que disfrutes la naturaleza cuando estés de vacaciones esta semana".

Dios tiene un mensaje especial para nosotros cada semana. Es por eso que es tan importante ir a Misa todos los domingos. Sin las instrucciones y las direcciones de Dios, nos perdemos.

Cada domingo, en la iglesia, Dios quiere decirte algo. Cada semana es algo único. Por eso te invita a ir a Misa cada domingo, para que puedas oír el mensaje especial que el tiene para ti

La última vez que estuviste en la iglesia, ¿qué te dijo Dios? ¿Te acuerdas? ¿Estabas escuchando?

Tu Diario de la Misa

¿Alguna vez has sentido que Dios está tratando de decirte algo?

Dios siempre está tratando de hablarnos, pero aprender a escuchar a Dios y entender las diferentes maneras en que Él nos habla, toma mucho tiempo y práctica.

Dios le habló a Jonás y le dio una misión muy especial que había planeado especialmente para él. Jonás no estaba feliz con lo que Dios le estaba pidiendo que hiciera, así que en lugar de escuchar a Dios, Jonás trató de huir.

Pero Dios no se dio por vencido con Jonás. En lugar de eso, ¡Dios envió una ballena gigante para que se tragara completamente a Jonás! Por tres días y tres noches Jonás vivió en el estomagó de la ballena. Cuando finalmente Jonás empezó a escuchar a Dios, Dios rescató a Jonás de la ballena y lo envió a cumplir su misión.

Dios siempre le ha hablado a su pueblo. Dios quiere hablarte
a ti también.

El próximo domingo, lleva contigo a Misa un librito de notas. Ese
será tu Diario de la Misa. Escucha la música, escucha las lecturas,
escucha la homilía, y escucha tu corazón. Antes de que inicie la
Misa, reza: "Querido Dios por favor, en esta Misa, muéstrame una
manera en que esta semana yo pueda convertirme en la-mejor-
versión-de-mí-mismo/a.

Luego, escucha pacientemente, y cuando sientas una cosa que Dios
te está diciendo, escríbela. Durante el resto de la Misa, continúa
rezando y pídele a Dios que te ayude a cambiar o hacer lo que Él
te está pidiendo hacer o cambiar durante la semana.

Hay muchas razones maravillosas por las que vamos a Misa los
domingos, una de ellas es escuchar la voz de Dios.

De la Biblia: El Camino a Emaús

Unos días después de haber resucitado Jesús de entre los muertos, dos de sus discípulos estaban caminando de Jerusalén a un pueblo llamado Emaús. Estaban hablando de Jesús y de las cosas increíbles que habían pasado. Mientras hablaban, Jesús se acercó a ellos, mas sus ojos no lo reconocieron. Él les dijo, "¿De qué están hablando?"

Ellos se detuvieron y lo miraron. Entonces, uno de ellos dijo, "¿Eres tú la única persona en Jerusalén que no conoce las cosas que han pasado allí en los últimos días?"

"¿Qué cosas?" Él les preguntó.

"Las cosas relacionadas con Jesús de Nazaret, un gran sabio y maestro, que murió y ahora ha resucitado de entre los muertos".

Entonces Jesús les habló de cómo era necesario que el Mesías sufriera antes de entrar en su gloria, y les explicó todos los lugares que se refieren a Él en las Escrituras.

A medida que se acercaban a Emaús, lo invitaron a comer y El aceptó. Cuando estaba sentado a la mesa con ellos, tomó pan, lo bendijo y lo partió y se los dio. Entonces, sus ojos se abrieron y lo reconocieron, y Él desapareció.

Entonces se dijeron el uno al otro: "¿No sentíamos arder nuestro corazón cuando nos hablaba en el camino?".

Asombrados, se levantaron y regresaron a Jerusalén para contarle a los otros, "Hemos visto al Señor; Él ciertamente ha resucitado".

Adaptado de Lucas 24, 13-35

Jesús resucitado siempre está a nuestro lado, pero con frecuencia, no lo reconocemos. Jesús está a nuestro lado cuando despertamos cada mañana, cuando estamos jugando con nuestros amigos, cuando estamos en un juego de pelota y en el ballet, cuando estamos haciendo la tarea, cuando vamos de compras, y Él está a nuestro lado cuando nos acostamos en la noche.

En la mañana, Él está muy contento porque te despiertas y empiezas un nuevo día. En el fútbol te echa porras para que lo hagas lo mejor posible. Y cuando vas de compras, te susurra en el oído, "Lo que estás a punto de comprar, ¿te ayudará a convertirte en la-mejor-versión-de-ti-mismo/a?".

Jesús está presente en la Misa de una manera especial. Los discípulos tuvieron un encuentro impactante con Jesús en el camino a Emaús, pero tú llegas a tener un encuentro todavía más impactante con Él cada domingo en la Misa. Y muy pronto vas a poder recibir a Jesús en la Eucaristía.

Tantas Maravillas

Hay muchas cosas maravillosas que pasan durante la Misa. Si fueras a Misa todos los días de tu vida, todavía estarías descubriendo sus maravillas al final de tu vida. No hay nada como la Misa.

Ya hemos hablado de cómo Dios nos habla en la Misa. Eso es asombroso. La Eucaristía es otra maravilla que experimentamos en la Misa. Nosotros creemos que durante la Misa, un simple pedazo de pan y una copa de vino son transformados en el Cuerpo y la Sangre de Jesús. ¡Eso es asombroso!

Es asombroso que Dios se entregue a nosotros de esta manera. En la Misa, Dios se entrega completamente a nosotros en la Eucaristía, y en la Misa nosotros nos entregamos completamente a Él en oración. Vamos a hablar mucho más sobre esto en las próximas páginas.

A veces las personas dicen que se aburren en la Misa. Usualmente, esto se debe a que no saben lo que está pasando o a que no están escuchando lo que Dios está diciéndoles. Es imposible aburrirse en la Misa si estamos tratando de escuchar la voz de Dios. Si alguna vez encontramos que la Misa es aburrida, es hora de que pongamos más energía en nuestra conversación con Dios.

Si la Misa no nos parece interesante, quizás necesitamos aprender más sobre lo que está pasando en realidad. Todo lo que pasa en la Misa, pasa por una razón, y cuando realmente sabemos lo que está pasando, es fascinante.

Algunas veces ayuda tener un misal, un librito que explica todo lo que está pasando en la Misa. Es muy útil seguirlo.

Otra manera de asegurarnos de no aburrirnos en la Misa es cantar todos los cantos y responder a todas las oraciones. Cuando participas en la Misa, estás conversando con Dios. Sólo nos aburrimos cuando dejamos de participar. Además, cuando hablamos con Dios, ¡Él nos dice cosas asombrosas!

A medida que crecemos en sabiduría, descubrimos que ¡la Misa es el evento más asombroso de la Tierra!

Muestra lo que Sabes

Verdadero o Falso

1. __V__ El día de tu Primera Comunión va a ser un día muy especial en tu vida.

2. __F__ Dios quiere que vivas la peor vida imaginable.

3. __V__ Los Diez Mandamientos nos muestran la mejor manera de vivir.

4. __F__ Dios nunca nos habla.

5. __V__ Cada domingo, en la iglesia, Dios quiere decirnos algo.

Llena los Espacios en Blanco

1. Cada domingo Dios nos invita a su __Casa__ para una gran celebración.

2. La __misa__ es una de las más grandes bendiciones que Dios nos da como católicos.

3. La Eucaristía es una __bendicion__ del amor de Dios por nosotros.

4. Cuando pasamos tiempo con Dios, Él nos llena con Su __gracia__ para que podamos vivir una vida santa.

5. Los Diez Mandamientos son una __celebración__ que

Dios nos da para ayudarnos a convertirnos en la-mejor-versión-de-nosotros mismos.

6. Es _imposible_ aburrirnos en la Misa si estamos tratando de escuchar la voz de Dios.

7. La Misa es la oración _perfecta_.

8. Aprender a _escuchar_ la voz de Dios es una de las lecciones más importantes que podemos aprender en la vida.

9. Si fueras a Misa todos los días de tu vida, todavía estarías descubriendo sus _maravillas_ al final de tu vida.

10. A medida que creces en sabiduría, descubres que la Misa es el evento más _asombroso_ de la Tierra.

Lista de Palabras

CASA	ASOMBROSO	CELEBRACIÓN	IMPOSIBLE	GRACIA
MISA	PERFECTA	ESCUCHAR	MARAVILLAS	BENDICIÓN

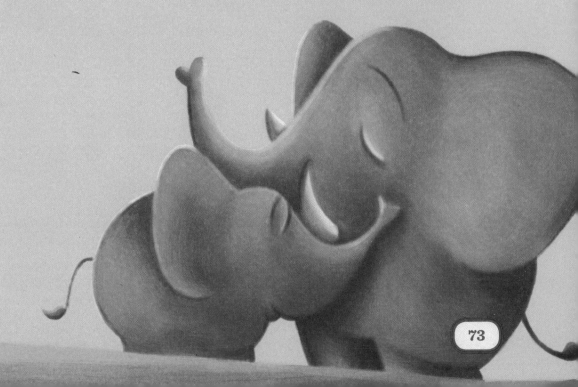

Diario con Jesús

Querido Jesús,

Yo siento una gran ilusión al saber que te recibiré en la Eucaristía por primera vez porque. . .

Va a ser la primera vez que voy a comer tu cuerpo y tu sangre para que siempre estes con migo.

Oración Final

Trágicamente, hay muchas personas que pasan toda su vida sin conocer a Jesús y sin saber cuánto Él nos ama. Eso es muy triste.

La razón por la que nunca conocen a Jesús es porque nunca lo buscan. Dios nos habla de muchas maneras. Nos habla a través de la Iglesia, de la Biblia, de la Misa, de la naturaleza, las obras de arte y la literatura, y de otras personas. Pero para poder escuchar a Dios, para conocerlo, y para descubrir su asombroso plan para tu vida, ¡necesitas buscarlo!

Ahora, recemos juntos y pidámosle a Dios que nos dé el valor y el deseo de buscarlo siempre, pase lo que pase.

> **Sé, Señor Jesús,**
> **una llama brillante delante de mí,**
> **una estrella guía sobre mí,**
> **un camino suave debajo de mí,**
> **un amable pastor detrás de mí:**
> **hoy, esta noche y para siempre.**
>
> **Amén**

Oración de Sta. Columba

3
La Palabra de Dios

Dios nuestro, Padre amoroso,
gracias por todas las formas en que me bendices.
Ayúdame a estar consciente de que cada persona,
cada lugar, y cada aventura que experimento
es una oportunidad para amarte más.
Lléname con el deseo de cambiar y crecer,
y dame la sabiduría para escoger ser
la-mejor-versión-de-mí-mismo/a en
cada momento de cada día.

Amén.

Descripción General de la Misa

Cada vez que vas a Misa pasan muchas cosas. Detrás de cada oración y de cada acción hay un enorme significado; En la Misa, todo pasa por una razón. En nuestro camino espiritual como católicos siempre estamos descubriendo nuevas capas de significado, así que nunca cesamos de aprender sobre la Misa.

La Misa se compone de cuatro partes:

1. **Ritos iniciales**

2. **Liturgia de la Palabra**

3. **Liturgia de la Eucaristía**

4. **Ritos de Conclusión**

Hay dos palabras a las cuales debemos prestar atención especial: rito y liturgia.

¿Qué es un Rito?

Un rito es algo que se dice o se hace siempre de la misma manera por una razón específica. Por ejemplo, la Señal de la Cruz es un rito. Cada vez que la hacemos, la hacemos de la misma manera. Siempre la decimos de la misma manera: "En el Nombre del Padre, y del Hijo, y del Espíritu Santo. Amén".

El orden tiene una razón. Dios Padre es la primera persona de la Santísima Trinidad. Dios Hijo es la segunda persona de la Santísima Trinidad. Y Dios Espíritu Santo es la tercera persona de la Santísima Trinidad.

Si fueras a Misa y el sacerdote empezara haciendo la Señal de la Cruz diciendo, "En el Nombre del Hijo, y del Espíritu Santo, y del Padre. Amén", sabrías que algo no esta bien.

Nuestra fe católica tiene muchos ritos.

Cada rito tiene una razón.

¿Qué es la Liturgia?

La Liturgia es una oración en la que participamos como comunidad. Durante la Misa experimentamos dos tipos de liturgia: la Liturgia de la Palabra y la Liturgia de la Eucaristía.

Durante la Liturgia de la Palabra escuchamos las lecturas de la Biblia y una homilía del sacerdote o del diácono, luego rezamos el Credo juntos y ofrecemos nuestras peticiones a Dios.

Durante la Liturgia de la Eucaristía ofrecemos nuestra vida y nuestros dones a Dios, preparamos el altar, rezamos la Oración Eucarística, y recibimos la Sagrada Comunión.

La Liturgia es una manera hermosa de pasar tiempo con Dios y con nuestra familia parroquial.

¿Dónde Celebramos la Misa?

Celebramos la Misa en la iglesia. Nuestra iglesia parroquial es un lugar muy especial porque es la casa de Dios. Nos reunimos en la iglesia con nuestros familiares, con nuestros amigos, y con toda nuestra familia parroquial para rendirle culto a Dios en la manera que Jesús nos enseñó a hacerlo.

La Misa es un hermoso ritual compuesto de oraciones, liturgias, y ritos. Durante la Misa usamos muchos objetos especiales que nos ayudan a celebrar. ¿Reconoces algunos de estos objetos?

Los Ritos Iniciales

El domingo vamos a la iglesia para celebrar la Misa. Es una excelente manera de darle gracias a Dios por todas las bendiciones que nos ha dado.

Durante la Misa recordamos la vida, la muerte y la Resurrección de Jesús, y la cosa más asombrosa pasa, algo que no pasa en ninguna otra parte: el sacerdote cambia el pan y el vino en el Cuerpo y la Sangre de Jesús.

¿Cómo puede él hacer esto? Dios da poderes especiales a los sacerdotes. En tu Primera Reconciliación, Dios perdonó tus pecados por medio del sacerdote. Durante la Misa, Dios transforma el pan y el vino en el Cuerpo y la Sangre de Jesús por medio del sacerdote.

Otra cosa maravillosa que pasa en la iglesia es que recibimos la Sagrada Comunión. Recibimos a Jesús en la Eucaristía. Lo cual es una bendición asombrosa.

Cuando regresas a tu asiento luego de recibir a Jesús en la Eucaristía, arrodíllate, cierra los ojos, y reza. Este es un momento muy especial porque Dios está dentro de ti.

Ahora, hablemos de las cuatro partes de la Misa. ¿Recuerdas cuáles son?

1. **Ritos Iniciales**

2. **Liturgia de la Palabra**

3. **Liturgia de la Eucaristía**

4. **Ritos de Conclusión**

Ritos Iniciales

La Misa inicia con una procesión. El sacerdote, el diácono, los lectores, y los monaguillos caminan juntos en procesión hacia el altar. Usualmente, esta procesión es acompañada con música. La música nos ayuda a elevar nuestro corazón a Dios en alabanza y acción de gracias.

¿Alguna vez has notado que la música puede hacerte sentir muy feliz? Eso sucede porque tu corazón y tu alma están saltan de gozo. La música es una manera poderosa de rezar. San Agustín dijo, "Cantar es como orar dos veces".

Una vez que el sacerdote llega al altar, comienza con la Señal de la Cruz: "En el Nombre del Padre, y del Hijo, y del Espíritu Santo. Amén."

La Señal de la Cruz es un rito.

Decimos Lo Siento

A Dios le encantan las relaciones saludables, y una parte muy importante de las relaciones saludables es decir lo siento cuando hacemos o decimos algo que lastima a la otra persona. Los católicos decimos lo siento. La razón es que nuestra amistad con Dios y nuestra amistad mutua con el prójimo no puede prosperar si no decimos lo siento.

Si estás jugando con un amigo en el campo de recreo y él te empuja y no dice lo siento, ¿cómo te sentirías? Puede que te preguntes si realmente es tu amigo. Pero si él se te acerca y lo primero que hace es decirte, "Siento haberte empujado ayer, No volveré a hacerlo. Por favor, perdóname".

¿Cómo te haría sentir eso? Te recordaría que él realmente quiere ser tu amigo.

Es por eso que, después de la Señal de la Cruz, lo primero que hacemos en la Misa es decirle lo siento a Dios. Queremos que sepa que somos sus amigos y que realmente queremos ser buenos amigos para El.

Al inicio de la Misa le decimos lo siento a Dios y le pedimos perdón con una oración realmente sencilla y hermosa:

Sacerdote: Señor Ten Piedad
Todos: Señor Ten Piedad
Sacerdote: Cristo Ten Piedad
Todos: Cristo Ten Piedad
Sacerdote: Señor Ten Piedad
Todos: Señor Ten Piedad

Gloria a Dios

Seguidamente, decimos o cantamos el Gloria.

En distintos momentos de la vida rezamos por distintas razones. Y en distintos momentos de la Misa rezamos por distintas razones.

A veces rezamos para pedirle a Dios que nos ayude, a ese tipo de oración se le llama oración de petición. A veces rezamos para pedirle a Dios que ayude a otra persona, esa es una oración de intercesión. A veces rezamos para dar gracias a Dios por todas las maneras en que nos ha bendecido, es decir hacemos una oración de acción de gracias. Y a veces rezamos para alabar a Dios por su bondad, u oración de alabanza.

El Gloria es una oración de alabanza. A veces cantamos el Gloria y a veces lo decimos, pero siempre por la misma razón, ¡alabar a Dios!

Gloria a Dios en el cielo,

y en la tierra paz a los hombres que ama el Señor.

Por tu inmensa gloria te alabamos,

te bendecimos, te adoramos,

te glorificamos, te damos gracias,

Señor Dios, Rey celestial,

Dios Padre todopoderoso Señor,

Hijo único, Jesucristo.

Señor Dios, Cordero de Dios, Hijo del Padre;

tú que quitas el pecado del mundo, ten piedad de nosotros;

tú que quitas el pecado del mundo, atiende nuestra súplica;

tú que estás sentado a la derecha del Padre, ten piedad de nosotros;

porque sólo tú eres Santo, sólo tú Señor, sólo

tú Altísimo, Jesucristo,

con el Espíritu Santo en la gloria de Dios Padre. Amén.

Después del Gloria, el sacerdote lee la oración de apertura del Misal Romano. Después todos respondemos "Amén" y nos sentamos para escuchar la Palabra de Dios.

Liturgia de la Palabra

Durante la parte de la Misa que llamamos la Liturgia de la Palabra, escuchamos la Palabra de Dios y reflexionamos sobre cómo podemos vivir nuestra vida como Dios nos invita a hacerlo.

La Liturgia de la Palabra incluye lecturas de la Biblia, la homilía, el Credo, y las oraciones de intercesión.

En la Misa, el domingo, escuchamos cuatro lecturas de la Biblia:

1. **La Primera Lectura, del Antiguo Testamento**

2. **El Salmo, del Libro de Salmos**

3. **La Segunda Lectura, del Nuevo Testamento**

4. **La lectura del Evangelio, de uno de los cuatro Evangelios: Mateo, Marcos, Lucas, y Juan.**

Cada lectura se ha seleccionado específicamente para que se conecte con el tema sobre el cual la Iglesia quiere que reflexionemos esa semana. Y adivina qué: en todas las parroquias católicas se leen las mismas lecturas cada domingo.

De modo que si tienes un amigo en el otro extremo del país, ustedes pueden hablar sobre las lecturas porque él oyó las mismas que tú oíste en Misa.

Distintas personas leen distintas lecturas. Tal vez un día tú te conviertas en un/una lector en la Misa. Hay tantas maneras de involucrarse en la vida de la parroquia — leer en la Misa es una de ellas.

Tú eres un laico o una laica. Los laicos son miembros de la Iglesia no ordenados, y pueden leer la primera lectura, el salmo, y la segunda lectura. El sacerdote o el diácono lee el Evangelio. Ambos, el sacerdote y el diácono son miembros ordenados de la Iglesia.

Algunas parroquias no tienen Misa todos los domingos porque no hay suficientes sacerdotes. Eso es muy triste. Algunos domingos estas parroquias tienen que hacer una Celebración de la Comunión en lugar de la Misa. Durante una Celebración de la Comunión nosotros escuchamos las lecturas de la Misa y se distribuye la Eucaristía directamente del Sagrario. En este caso, un laico puede leer el Evangelio.

Después del Evangelio, el sacerdote o el diácono dan la homilía. Durante la homilía, el sacerdote o el diácono explican las lecturas, nos muestran cómo ellas se aplican a nuestra vida, y nos inspiran a vivir lo que acabamos de escuchar en la Palabra de Dios.

Creemos

Después de la homilía, nos ponemos de pie y proclamamos el Credo juntos y luego tenemos las oraciones de los fieles.

Todo el mundo cree en algo. Como católicos creemos muchas cosas. Creemos en Dios, creemos que Dios nos ama, creemos que Dios nos ha bendecido, creemos en el poder de la oración y creemos en muchas cosas más.

Cada domingo en la misa proclamamos el Credo. El Credo es un resumen de las creencias centrales que componen nuestra fe católica.

El Credo

CREO EN UN SOLO DIOS, **PADRE TODOPODEROSO**

creador del cielo y de la tierra,

DE TODO LO VISIBLE Y LO INVISIBLE.

CREO EN UN SOLO SEÑOR, JESUCRISTO,

HIJO ÚNICO DE DIOS, NACIDO DEL PADRE ANTES DE TODOS LOS SIGLOS.

DIOS DE DIOS, *Luz de Luz,*

DIOS VERDADERO DE DIOS VERDADERO,

ENGENDRADO, NO CREADO, DE LA MISMA NATURALEZA DEL PADRE,

POR QUIEN TODO FUE HECHO.

QUE POR NOSOTROS LO HOMBRES, Y POR NUESTRA SALVACIÓN *bajó del cielo,*

Y POR OBRA DEL ESPÍRITU SANTO

se encarnó de María, la Virgen,

Y SE HIZO HOMBRE.

Y POR NUESTRA CAUSA FUE CRUCIFICADO EN TIEMPOS DE PONCIO PILATO,

PADECIÓ Y FUE SEPULTADO,

y resucitó al tercer día

SEGÚN LAS ESCRITURAS.

Y SUBIÓ AL CIELO

Y ESTÁ SENTADO A LA DERECHA DEL PADRE.

Y DE NUEVO VENDRÁ CON GLORIA

para juzgar a vivos y muertos

Y SU REINO NO TENDRÁ FIN.

Creo en el Espíritu Santo, Señor y dador de vida,

QUE PROCEDE DEL PADRE Y DEL HIJO,

QUE CON EL PADRE Y EL HIJO RECIBE UNA MISMA ADORACIÓN Y GLORIA,

y que habló por los profetas.

CREO EN LA IGLESIA, QUE ES UNA, SANTA, CATÓLICA Y APOSTÓLICA.

CONFIESO QUE HAY UN SOLO BAUTISMO PARA EL PERDÓN DE LOS PECADOS.

Espero la resurrección de los muertos

Y LA VIDA DEL MUNDO FUTURO.

Amén.

De la Biblia: El Sembrador

A medida que Jesús iba de pueblo en pueblo, la noticia de sus grandes hazañas se propagó rápidamente. Se hizo muy famoso como gran maestro y sanador, y así dondequiera que iba una enorme multitud lo rodeaba.

Un día Jesús estaba sentado a la orilla de un lago, y una gran multitud lo rodeó. Querían que les enseñara y que los curara. De modo que Jesús se sentó en un bote a la orilla del agua, las personas se pararon a su derredor, y Él les contó parábolas. Una de esas parábolas se trataba de un agricultor sembrando semillas.

Un agricultor fue a sembrar semillas en su campo. Al hacerlo, algunas cayeron en el camino junto al campo, y las aves bajaron y se las comieron. Otras cayeron en un terreno pedregoso, donde no había suficiente tierra. Estas semillas brotaron rápidamente, pero como el terreno era poco profundo, cuando salió el sol las quemó y murieron. Otras semillas cayeron entre espinas, y cuando crecieron fueron ahogadas por las espinas. Pero algunas semillas cayeron en un terreno fértil, rico y bueno, y éstas crecieron fuertes y saludables, y dieron una abundante cosecha.

Dios es el agricultor. Nuestro corazón y nuestra alma son el terreno. El mundo, el egoísmo, y el mal son las aves, las espinas, y el sol que quema. La oración diaria, aprender sobre nuestra fe, ir a Misa el domingo, ser generosos con todos los que se cruzan en nuestro camino, y compartir el mensaje de Dios con los demás; son actos que hacen que nuestro corazón y nuestra alma sean como el terreno rico que recibe la semilla y produce una cosecha abundante.

Adaptado de Mateo 13,1-9

Hasta que se Gaste

Todas las lecturas de la Misa vienen del libro más famoso del mundo: la Biblia. Es el libro de mayor venta de todos los tiempos. Cuando tomas la Biblia puede parecerte que estás sujetando un libro grande; pero, de hecho, es una colección de 73 libros.

La Biblia se compone de dos secciones principales: el Antiguo Testamento y el Nuevo Testamento. Hay 46 libros en el Antiguo Testamento y 27 libros en el Nuevo Testamento.

Una de las muchas maneras en que Dios nos habla es a través de la Biblia. Dios tiene un plan maravilloso para tu vida, y una de las maneras en que Él revela ese plan maravilloso es a través de las lecturas que oímos en la Misa cada domingo.

Si fueras a emprender un viaje largo sería una buena idea llevar contigo un mapa. Sería aún mejor llevar a un guía que conozca el camino. La Biblia es como un mapa y la Iglesia es como ese guía, que está ahí para guiarte en el camino a través de esta vida y hacia la próxima, y así poder vivir con Dios en el Cielo para siempre.

A lo largo de la Biblia, Dios les habla a personas una y otra vez, guiándolas, animándolas, y previniéndolas. Él les habló a Adán y a Eva, a Moisés y a Abraham, a Noé y a Jacob, a Rebeca y a Ruth, a María y a Pablo. Dios le habló a cada uno de ellos de distintas maneras, pero les habló a todos. Y ahora, Dios quiere hablarte a ti.

Jesús es la figura central de la Biblia. En el Antiguo Testamento leemos una y otra vez sobre cómo la gente estaba esperando la venida de Jesús, el Mesías. El Nuevo Testamento se trata de Jesús y sus enseñanzas, y de la vida de la Iglesia temprana y de cómo los primeros cristianos trataron de vivir el mensaje del Evangelio.

Yo he tenido algunos maestros maravillosos en mi vida, y estoy seguro de que tú también. Jesús es el Maestro más grande que ha vivido. Su manera favorita de enseñar era contando historias. Él contaba historias que la gente común podía entender.

¿Cuál es tu historia favorita de la Biblia?

¿Tienes una camisa o un suéter favorito? ¿Tienes un par de zapatos favorito? Yo tengo una sudadera que me fascina. Está toda desgastada. El color está desvaneciéndose y tiene un par de hoyos, pero es muy cómoda. Ha estado conmigo en momentos buenos y malos, y me hace sentir bien cómodo, algo que no siento con una nueva sudadera.

Hace muchos años un buen amigo me inspiró y me retó. Me dijo, "Una de mis metas en la vida es gastar una Biblia". Yo pensé, qué meta tan fabulosa.

Ahora, yo quiero hacerte el mismo reto a ti. Consigue una Biblia y llévala contigo toda tu vida. Pídele a tus padres o a tus abuelos, que te lean un poco cada día. Cuando seas mayor, lee tú un poco cada día. Gasta la Biblia leyéndola, reflexionando sobre lo que lees, y rezando para que Dios te de la gracia de hacer vida todo lo que aprendes de ella.

Con el tiempo, Jesús y las otras grandes personas en la Biblia se convertirán en grandes amigos tuyos. Te enseñarán a crecer en virtud, a convertirte en la-mejor-versión-de-ti-mismo/a, y a vivir una vida santa.

Espero que nos encontremos en algún momento, y cuando pase, espero que me enseñes tu Biblia bien gastada.

Dios quiere que tengas muchos compañeros en tu camino hacia el Cielo. Él quiere que tengas amigos y amigas que te ayuden a convertirte en la-mejor-versión-de-ti-mismo/a. Pero también quiere que seas amigo/a de los santos, porque ellos ya han caminado con Dios y pueden enseñarte muchas cosas, como qué camino tomar y cuáles evitar. Dios también nos da a los Ángeles de la Guarda para que nos acompañen en nuestro caminar. Y además de todo eso, Dios nos da la Biblia y la Iglesia.

Muestra lo que sabes

Verdadero o Falso

1. __V__ La Biblia es una gran compañera en tu camino hacia el Cielo.

2. __F__ Nunca debemos decir lo siento aunque hayamos hecho algo malo.

3. __F__ No hay ningún propósito ni significado detrás de cada oración y de cada acción en la Misa.

4. __V__ Dios te habla a través de la Biblia.

5. __V__ Jesús es el Maestro más grande que ha vivido jamás.

Llena los Espacios en Blanco

1. Dios tiene un __Plan__ maravilloso para tu vida.

2. Nuestra iglesia parroquial es un lugar muy especial porque es la __Casa__ de Dios.

3. Dios revela su plan maravilloso para tu vida, a través de las __Plan lecturas__ que oyes en la Misa cada domingo.

4. Asistir a Misa el domingo es una excelente manera de darle gracias a Dios por todas las __Bendiciones__ que Él te ha dado.

5. En la Misa recibimos a _____Jesus_____ en la Eucaristía.

6. La música nos ayuda a elevar nuestro corazón a Dios en

   _____alabanza_____ y _____accion de gracias_____.

7. A Dios le encantan las relaciones _____Saludables_____.

8. La _____biblia_____ es el libro más famoso del mundo.

9. Una de las muchas maneras en que Dios te _____Habla_____

   es a través de la Biblia.

10. La Biblia es tu _____Mapa_____ y la Iglesia es tu

    _____guia_____ en tu camino al Cielo, en donde

    vivirás con Dios para siempre.

Lista de Palabras

ACCIÓN DE GRACIAS   CASA   GUÍA   SALUDABLES   HABLA
ALABANZA   PLAN   LECTURAS   MAPA   BIBLIA   JESÚS   BENDICIONES

Diario con Jesús

Querido Jesús,

Tú eres el Maestro más grande de la historia, y yo necesito que tú me ayudes a entender . . .

Como puedo aprender a leer el libro de lo biblia correctamente y saber comprender lo que me quieres decir.

Oración Final

A lo largo de tu vida, te toparás con muchos maestros; pero ninguno te amará más o poseerá más sabiduría que Jesús.

De vez en cuando tu desearás con ansias convertirte en la-mejor-versión-de-ti-mismo/a, crecer en virtud y vivir una vida santa, pero no sabrás cómo hacerlo. Es justo ahí cuando tú necesitas ir a Jesús, el Maestro más grande que jamás haya existido, y pedirle ayuda.

San Ignacio de Loyola fue un gran sacerdote y maestro. Fundó una de las más grandes e influyentes órdenes religiosas de la historia, la Compañía de Jesús (mejor conocida como los Jesuitas). Él fue un maestro espiritual porque sabía cómo pedirle ayuda a Jesús.

Juntos, usemos las palabras de San Ignacio y pidámosle a Dios que nos enseñe a convertirnos en todo lo que Él nos creó para ser:

Señor, enséñame a ser generoso. A servirte como tú mereces, a dar sin medida, a combatir sin temor a las heridas, a trabajar sin descanso sin esperar otra recompensa, que saber que hemos cumplido tu santa voluntad.

Amén.

4

La Eucaristía

Dios nuestro, Padre amoroso,
gracias por todas las formas en que me bendices.
Ayúdame a estar consciente de que cada persona,
cada lugar, y cada aventura que experimento
es una oportunidad para amarte más.
Lléname con el deseo de cambiar y crecer,
y dame la sabiduría para escoger ser
la-mejor-versión-de-mí-mismo/a en
cada momento de cada día.

Amén.

Alimento para el Alma

Dios te ha bendecido de muchas maneras, y no ha terminado de bendecirte. Todavía hay miles de bendiciones que Dios quiere derramar sobre ti. Una de las grandes bendiciones que Dios quiere compartir contigo es la Eucaristía. ¡Cada día te acercas más al momento de recibir a Jesús en la Eucaristía! ¿Estás emocionado/a?

La Eucaristía es alimento para el alma. Así es, a tu alma le da hambre igual que tu cuerpo. Es fácil saber cuándo tu cuerpo tiene hambre porque tu estómago gruñe y tú te sientes débil y cansado. Pero ¿cómo sabes cuando tu alma tiene hambre? Cuando nuestra alma tiene hambre nos volvemos intranquilos, impacientes, enojados y egoístas. Además, cuando nuestra alma esta hambrienta se nos hace más difícil hacer lo que sabemos que debemos hacer.

Cuando nuestra alma tiene hambre, necesitamos alimentarla. La Eucaristía es el alimento más grande para el alma, pero también podemos alimentar nuestra alma con la oración, las Escrituras, y sirviendo al prójimo.

Tú alimentas tu cuerpo todos los días. No esperas a que esté hambriento para alimentarlo. Tienes una rutina regular de comidas y meriendas para asegurar que tu cuerpo tenga el alimento y la energía que necesita para crecer. También necesitamos una rutina como esa para alimentar nuestra alma. Esa rutina incluye la oración diaria, dar gracias antes de las comidas, servir al prójimo y, por supuesto, la Misa dominical.

La Misa es una bendición increíble porque alimenta tu alma de muchas maneras. La Palabra de Dios alimenta tu alma, recibir el Cuerpo y la Sangre de Cristo en la Eucaristía alimenta tu alma, y participar en una comunidad de fe alimenta tu alma.

Ya hablamos sobre la Palabra de Dios y cuán importante es escuchar a Dios. Ahora, hablemos sobre cómo Él nos alimenta con la Eucaristía.

Liturgia de la Eucaristía

Dios te ha bendecido mucho al hacerte parte de la Iglesia Católica. Una de las muchas razones es, que los católicos podemos recibir la Eucaristía. Tú puedes recibir el Cuerpo y la Sangre de Jesús. La Eucaristía es algo único de los católicos.

Tú eres católico/a. Dios te ha bendecido.

La Liturgia de la Eucaristía está dividida en tres partes: el Ofertorio, la Oración Eucarística, y la recepción de la Sagrada Comunión.

Todo esto es muy importante, Así que vamos a revisarlo juntos paso a paso.

El Ofertorio

A lo largo de la Misa, Dios nos da momentos para hacer una pausa y experimentar sus muchas maravillas. El Ofertorio es uno de esos momentos.

Durante el Ofertorio, usualmente, una familia de la parroquia trae el pan y el vino, junto con el dinero que ponemos en las cestas de la colecta para la Iglesia y para los pobres. Luego, el sacerdote prepara esas ofrendas para ofrecérselas a Dios.

Al mismo tiempo que se llevan las ofrendas hacia el altar y el sacerdote está preparando las ofrendas, nosotros también nos ofrecemos completamente a Dios. Podemos hacer esto con una simple oración en nuestro corazón. Aquí tienes un ejemplo:

> **Señor, me entrego a ti completamente. Enséñame, guíame, y aliméntame con la Eucaristía para que pueda servirte en este mundo, y vivir contigo en el Cielo para siempre.**

El Ofertorio es también un gran momento para presentarle tus problemas a Dios y pedirle ayuda. Si hay alguien que sabes que está sufriendo o si hay algo con lo que tu estas luchando, pídele a Jesús que sane la situación. Él es el gran Sanador. El Ofertorio es un momento perfecto para pedirle a Jesús, el Sanador, que intervenga en tu vida. Aquí tienes unos ejemplos:

> **Jesús, ayúdame a estudiar mucho para mi examen.**
> **Jesús, mi amiga está enferma. Ayúdala a mejorarse.**
> **Jesús, mi hermano/a hirió mis sentimientos.**

Ayúdame a perdonarlo/a.

Jesús, ayúdame a escuchar mejor a mis padres.

Estás en un largo camino con Dios. Tu destino es el Cielo. Dios quiere ser tu guía y tu compañero en el camino. Él quiere que tú lo invites a ser parte de todo lo que te pasa aun las cosas más pequeñas, para poder guiarte y aconsejarte lo mejor posible. Dios quiere ayudarte a convertirte en la-mejor-versión-de-ti mismo/a, crecer en virtud, y vivir una vida santa.

La Oración Eucarística

Nosotros siempre hemos celebrado la presencia de Dios.

Los judíos creían que Dios estaba presente en el Arca de la Alianza. Por mucho tiempo, el Arca se perdió y ese fue un tiempo muy triste para los judíos. Ellos trataron fuertemente de encontrarla porque ellos querían estar cerca de Dios.

Cuando el Rey David llevó el Arca de la Alianza a Jerusalén, la gente desbordaba de gozo. El Rey David también se llenó de alegría, tanto que cuando el llevo el Arca de regreso a su pueblo, el bailaba de gozo. Nada hacía más feliz al Rey David que estar en la presencia de Dios.

La Eucaristía es Dios en medio de nosotros.

Cada vez que vamos a Misa o que visitamos una Iglesia Católica donde Jesús está adentro del Sagrario, Dios esta físicamente con nosotros en la Eucaristía. La palabra Eucaristía significa "acción de gracias": nosotros estamos agradecidos de tener a Dios siempre con nosotros.

La Oración Eucarística es la parte más importante de la Misa porque es cuando Jesus vine a estar con nosotros. Es aquí cuando el pan y el vino se convierten en el Cuerpo y la Sangre de Jesús.

Durante la Oración Eucarística, nosotros le agradecemos a Dios por su amistad y por venir nuevamente a través de la Eucaristía a compartir su vida con nosotros.

La Consagración

La Consagración es el momento en que el pan y el vino se convierten en el Cuerpo y la Sangre de Jesús. Este es un momento increíble — es por eso que nos arrodillamos para la Consagración. Arrodillarse es una sencilla y profunda señal de reverencia. Cuando nos arrodillamos durante la Misa, es una señal de que algo asombroso está a punto de pasar.

Justo antes de arrodillarnos, rezamos el *Santo, Santo, Santo* juntos como una familia parroquial:

Santo, Santo, Santo, Señor Dios del Universo.
Los Cielos y la Tierra están llenos de Tu gloria.
Hosanna en las alturas.
Bendito es el que viene en Nombre del Señor.
Hosanna en las alturas.

Ahora nos arrodillamos y nos preparamos para el gran momento de la Consagración. En preparación para la Consagración, el sacerdote nos recuerda lo que pasó en la Última Cena. La primera Eucaristía.

Para consagrar el pan y el vino, el sacerdote dice las mismas palabras que Jesús dijo durante la Última Cena:

Esto es mi Cuerpo que será entregado por ustedes;
Este es el cáliz de mi Sangre, Sangre de la alianza
nueva y eterna, hagan esto en memoria mía.

Padre Nuestro

Este es el momento de la Consagración. Después que el sacerdote dice estas palabras, el pan y el vino se convierten en el Cuerpo y la Sangre de Jesús. La Consagración de la Eucaristía es uno de los grandes misterios de nuestra fe.

La Oración Eucarística termina con el Gran Amén. Algunas veces decimos el Amén y otras lo cantamos. De cualquier manera debemos decirlo en voz alta y con seguridad. Esta es nuestra manera de decir "¡Sí Jesús, yo creo en Ti! ¡Creo que el pan y el vino acaban de convertirse en tu Cuerpo y tu Sangre!"

Después del Gran Amén, nos ponemos de pie y rezamos el *Padre Nuestro* juntos.

¿Recuerdas una de las principales razones por las que Jesús nos enseñó esta oración? Vamos a recordarla por un momento.

Dios te ha bendecido. Eres el hijo o la hija de un gran Rey. Jesús quería que siempre recordáramos que Dios es nuestro Padre y que somos hijos de Dios.

El *Padre Nuestro* nos recuerda la primera bendición que Dios nos da: ¡la vida!

Después del *Padre Nuestro*, el sacerdote le pide a Dios que nos llene con su paz. ¿Recuerdas cómo antes hablamos que a tu alma le da hambre? Una señal de que tu alma tiene hambre es que no tienes paz en tu corazón. Tu alma apetece paz.

Dios quiere llenarte con su paz para que puedas salir al mundo y compartirla con todos los que se crucen en tu camino.

La Sagrada Comunión

Cuando recibes la Sagrada Comunión Jesús se entrega a ti completamente. En las oraciones que llevan a la Consagración recordamos que Jesús murió por nosotros en la cruz para salvarnos de nuestros pecados. Esto no está ahí para hacerte sentir culpable; sino para hacer que te sientas amado/a. Dios quiere que recuerdes cuánto significas para Él.

Uno de los pasajes más famosos de toda la Biblia es Juan 3:16:

Porque Dios amó tanto al mundo que le envió a su único Hijo, para que todo el que cree en El no perezca sino que tenga vida eterna.

Dios te amó tanto que envió a su único Hijo, Jesús, para que tú pudieras tener vida eterna. Porque Dios te amó tanto a TI que envió a Jesús para que TU pudieras tener vida eterna! En efecto, ¡Dios te ama y Dios te ha bendecido!

Digamos junto en voz alta:

Dios me ama tanto que envió a su Hijo Jesús para que yo pudiera tener vida eterna y vivir con Él para siempre en el Cielo.

¿Cómo se sintió eso?

Dios quiere que siempre te sientas amado/a. Y cuando recibas a Jesús en la Eucaristía, será un momento especial lleno del amor de Dios.

Si alguna vez llegas a escalar una montaña enorme, notarás que la sensación de mirar los vastos alrededores desde la cima de esa montaña, es una experiencia asombrosa. La Misa es como escalar una gran montaña. Recibir la Eucaristía es la cima de la montaña, el pináculo de la Misa.

Dios nos da de comer el alimento supremo para el alma en la cima de la montaña de la Misa. La Eucaristía es alimento para el alma. Cada domingo, en la Misa, Dios nos llena con la Eucaristía para ayudarnos a convertirnos en la-mejor-versión-de-nosotros-mismos, crecer en virtud, y vivir una vida santa.

Recibir la Sagrada Comunión es un regalo increíble que nunca debemos dar por hecho.

Cuando llegue el momento de recibir a Jesús, te pondrás de pie ante el sacerdote, el diácono o el ministro extraordinario y él levantará la Hostia y dirá, "El Cuerpo de Cristo"; Tú responderás diciendo, "Amén", y entonces consumirás la Hostia.

La Presencia Real

Jesús está verdaderamente presente en la Eucaristía. No es un símbolo; es Jesús. Este es uno de los misterios más hermosos de la fe católica.

Cuando Jesús empezó a hablarle a la gente sobre la Eucaristía, a algunos les resultó difícil creerlo. A través de los siglos, otros también han dudado que Jesús esté realmente presente en la Eucaristía.

En el siglo VIII, había un sacerdote en Italia que estaba teniendo esas dudas. Un día mientras celebraba la Misa, en el momento de la consagración, el pan y el vino se convirtieron literalmente en la Carne y la Sangre de Cristo. ¡Fue un milagro increíble! Y la Iglesia lo llamó: milagro eucarístico.

Normalmente, durante la Misa, no podemos ver el cambio físico del pan y del vino en el Cuerpo y la Sangre de Cristo. Tenemos fe en que el cambio ocurre. Pero en ese momento particular en el tiempo, Dios decidió mostrarle al mundo lo que pasa durante cada Misa.

Hoy día puedes viajar a Lanciano, Italia, donde ocurrió el milagro, y ver la Carne y la Sangre de ese milagro ocurrido hace mil años.

Cada vez que vas a Misa, la transformación del pan y el vino en el Cuerpo y la Sangre de Cristo ocurre. Jesús está realmente presente en la Eucaristía. ¡Este es un regalo sorprendente! Dios te ha bendecido al poder recibir a Jesús en la Eucaristía.

De la Biblia: La Última Cena

La noche antes de morir, Jesús reunió a sus discípulos para una última comida juntos. Era la fiesta judía de la Pascua.

Mientras estaban sentados juntos a la mesa, Jesús les habló sobre cómo Él iba a ser traicionado y a sufrir.

Entonces, mientras estaban comiendo, Jesús tomó pan, y después de bendecirlo, lo partió y se lo dio a los discípulos diciendo: "Tomen y coman todos de él, porque esto es mi Cuerpo". Entonces tomó un cáliz, y después de dar gracias, se los dio diciendo, "Tomen y beban todos de él, porque éste es el cáliz de mi Sangre, que será derramada por muchos, para el perdón de sus pecados".

Cuando terminaron su cena, ellos partieron hacia el Monte de los Olivos.

Adaptado de Mateo 26,26-30.

Esto es conocido como la Ultima Cena, la comida más famosa de la historia del mundo. En la Ultima Cena, Jesús hizo algo increíble. Él transformó el pan y el vino común en su Cuerpo y su Sangre. La Ultima Cena fue la primera Eucaristía, y la Primera Comunión de los discípulos.

Fue allí, en esa habitación, hace más de dos mil años, que Jesús se entregó a los discípulos. Y cada vez que nosotros recibimos la Eucaristía, ¡Él se entrega a nosotros de la misma manera!

Jesús quiere que lo invites a tu vida. Él quiere ser tu amigo. Él quiere animarte, guiarte, escucharte, y amarte. Jesús quiere ayudarte a convertirte en la-mejor-versión-de-ti-mismo/a, a crecer en virtud, y a vivir una vida santa. ¡Dios te ha bendecido!

Jesús Está Dentro Ti

Luego de recibir a Jesús en la Eucaristía, tú regresarás a tu asiento. En ese momento, Jesús está dentro de ti. ¡Asombroso!

Si Jesús viniera a visitarte a tu casa, imagina cómo tú te prepararías para su llegada. Imagina lo emocionado/a y ansioso/a que estarías, e imagínate cómo te sentarías junto Él a escuchar todo lo que Él tiene que decir.

Bueno, en la Misa, Jesús no solo viene a visitarnos, sino que hace su hogar dentro de nosotros cuando recibimos la Eucaristía; por lo que es un momento muy especial para rezar.

Arrodíllate o siéntate, cierra los ojos, y háblale a Jesús en tu corazón. Este es un momento muy especial. Jesús está dentro de ti. Dale gracias por todas las maneras en que te ha bendecido. Cuenta tus bendiciones, una por una, con Jesús.

La Eucaristía energiza y alimenta nuestra alma. Cada vez que recibes la Eucaristía, recibes muchos dones. Esta es una lista corta de esos dones:

Amistad con Jesús

Deseo de hacer la voluntad de Dios

Limpieza de pecados veniales

Hambre de virtud

Gracia para evitar pecar en el futuro

Un corazón que escucha al Espíritu Santo.

Deseo de conocer y amar a Dios.

Tu Primera Comunión es un evento muy importante en tu vida, pero cada vez que recibimos a Jesús en la Eucaristía es un regalo increíble que nunca debemos dar por hecho.

Ritos de Conclusión

Después de haber tenido unos minutos de oración en silencio con Jesús, es hora de la oración final y la bendición.

Sacerdote: Que Dios los bendiga en el Nombre del Padre, y del Hijo, y del Espíritu Santo.
Todos: ¡Amén!
Sacerdote o Diácono: La Misa ha terminado, vayan en paz.
Todos: ¡Demos gracias a Dios!

En la bendición final somos enviados. ¿Enviados a hacer qué? La obra de Dios en el mundo. Al terminar la Misa, Dios nos envía en una misión. Él nos ha alimentado con su Palabra y con la Eucaristía. Él te ha provisto con todo lo que necesitas para llevar su amor al mundo en que vives.

Dios te ha bendecido y Dios quiere que vayas al mundo y compartas sus bendiciones con los demás.

Muestra lo que Sabes

Verdadero o Falso

1. __V__ Una de las grandes bendiciones que Dios quiere compartir contigo es la Eucaristía.

2. __V__ La Eucaristía es algo único de los Católicos.

3. __F__ El pan y el vino no se transforman en el Cuerpo y la Sangre de Jesús.

4. __F__ La Eucaristía no alimenta nuestra alma.

5. __V__ Jesús está realmente presente en la Eucaristía.

Llena los Espacios en Blanco

1. Dios quiere derramar sobre ti __miles__ de bendiciones.

2. La __eucaristia__ es alimento para tu alma.

3. Dios te ha bendecido mucho al ser __catolico__.

4. Recibir la Sagrada Comunión es un __regalo__ increíble que nunca debemos dar por hecho.

5. Estás un largo __camino__ con Dios y tu destino es el __Cielo__.

6. La Consagración es el momento en que el pan y el vino se transforman

   en el ___cuerpo___ y la ___sangre___ de Jesús.

7. Para consagrar el pan y el vino, el sacerdote dice las mismas palabras

   que Jesús usó durante la ___Ultima cena___.

8. Dios quiere llenarte de ___paz___ para que puedas

   ir al mundo y compartirla con todos los que crucen tu camino.

9. ¡Dios te ___ama___ tanto que envió a su Hijo, Jesús,

   para que pudieras tener vida eterna!

10. Dios te ha ___bendecido___ y Dios quiere que vayas al

    mundo y compartas tus ___bendiciones___ con los demás.

Lista de Palabras

CATÓLICO/A   CIELO

CUERPO   SANGRE

BENDICIONES   CAMINO

ÚLTIMA CENA   AMA

MILES   EUCARISTÍA

PAZ   BENDECIDO

REGALO

Diario con Jesús

Querido Jesús,

Yo sé que nunca me abandonarás porque...

estas con migo en cada
momento de mi vida. y porque
cuando haga mi primera communion
y coma tu cuerpo y sangre
Permaneceras en mi para
siempre.

Oración Final

Hay tanto que descubrir sobre la Misa. Tu podrías pasarte la vida asistiendo a Misa todos los días, y aún al final de tu vida, todavía te sorprenderían todos los hermosos significados que están detrás de todo lo que hacemos y decimos en la Misa.

Nuestro Dios es un Dios de sorpresas. Nunca podemos ponerle límites a aquello de lo que es capaz o a cómo su amor puede transformar cosas comunes, como el pan y el vino, en algo verdaderamente extraordinario, como el Cuerpo y la Sangre de Jesús.

> **Señor, sorpréndeme hoy.**
> **Sorpréndeme con algún momento**
> **de belleza o dolor.**
> **De modo que al menos por un momento**
> **pueda estarsorprendido de ver que estás aquí**
> **en todo Tu esplendor,**
> **siempre y en todas partes, a penas escondido,**
> **debajo y más allá,**
> **dentro de esta vida que respiro.**
>
> **Amén.**
>
> Frederick Buechner

5

Tu Primera Comunión

Dios nuestro, Padre amoroso,
gracias por todas las formas en que me bendices.
Ayúdame a estar consciente de que cada persona,
cada lugar, y cada aventura que experimento
es una oportunidad para amarte más.
Lléname con el deseo de cambiar y crecer,
y dame la sabiduría para escoger ser
la-mejor-versión-de-mí-mismo/a en
cada momento de cada día.

Amén.

Este Es un Día Especial

¿Alguna vez te ha entusiasmado darle un regalo a una persona? Quizás por Navidad o por su cumpleaños. Cuando realmente te entusiasma darle un regalo a alguien, es difícil mantener ese regalo en secreto. Es todavía más difícil esperar hasta el día de la celebración para hacerlo. Puede ser que sientas que estás ¡a punto de explotar!, porque estás tan entusiasmado/a.

Esto es lo que Dios Padre siente cuando Él piensa en darte a Jesús en la Eucaristía. Él sabe cuán especial es este regalo, y apenas puede esperar para compartirlo contigo.

El Día de tu Primera Comunión es un día muy especial. ¡Dios te ha bendecido!

La mañana de tu Primera Comunión, antes de vestirte, antes de recibir algún regalo, y hasta antes de desayunar; quédate en silencio y empieza tu día rezándole a Dios. Ahora vamos a practicar juntos:

Padre amoroso, gracias por bendecirme de tantas maneras.
Jesús, estoy esperando recibirte en la Eucaristía por primera vez.
Espíritu Santo, ayúdame a prestar atención y a sacar el máximo provecho de este día tan maravilloso.

Amén.

Este es un día muy especial. Recordarás tu Primera Comunión el resto de tu vida. ¡Dios te ha bendecido!

Estás Creciendo

Cuando piensas en todas las cosas que puedes hacer hoy que no podías hacer hace uno, dos, o tres años, te das cuenta de que estás creciendo rápidamente.

Una de las señales más significativas de que estás creciendo es tu habilidad para asumir la responsabilidad de tus propios actos.

Eres capaz de seguir instrucciones. Por ejemplo, cuando tus padres o maestros te piden hacer algo, puedes comprender lo que te están pidiendo que hagas.

Eres capaz de controlar tus impulsos. Por ejemplo, cuando uno de tus hermanos hace algo que te molesta, eres capaz de controlar tu enojo. Y eres capaz de escuchar tu conciencia y de seguirla. Por ejemplo, si un amigo te pide hacer algo malo, tu escucharás a tu conciencia aconsejándote que no lo hagas — y tú serás capaz de decirle no a tu amigo.

La Iglesia escoge este momento de tu vida para compartir la Eucaristía contigo porque has llegado a la edad de la razón. Cuando llegamos a la edad de la razón, podemos determinar la diferencia entre el bien y el mal y hacernos responsables de nuestros actos.

Tú estás listo/a para decirle sí a Dios. Tú estás listo/a para decirle no a las cosas que no te ayudan a convertirte en la-mejor-versión-de-ti-mismo/a. Estás listo/a para caminar con Dios, y para recibir a Jesús en la Eucaristía.

La Preparación es Importante

Cuando te estabas preparando para tu Primera Reconciliación hablamos de cuán importante es la preparación. Nosotros los católicos nos preparamos para todo lo que es importante.

Así como los grandes atletas se preparan cada vez que compiten, los católicos se preparan para los momentos más grandes de la vida. Los grandes campeones de nuestra fe son los santos. Todos ellos son maestros de la preparación. Los santos nos enseñan a prepararnos para recibir a Jesús en la Eucaristía.

Tú te estás preparando para tu Primera Comunión, pero es importante que tú te prepares no solo para ese día sino también cada vez que vas a recibir a Jesús en la Eucaristía. Nosotros nos preparamos por medio de la oración y el ayuno

La Oración

Una de las mejores maneras para preparase para recibir a Jesús es rezando. La oración es una conversación con Dios. Todos necesitamos tomar unos minutos en el día para sentarnos en un lugar tranquilo y hablar con Él.

A lo largo del día, seguimos nuestra conversación con Dios. Cuando vemos algo asombroso, podemos decir: "¡Increíble!, querido Dios, ¿viste eso?". Cuando tenemos miedo de hacer algo que sabemos que debemos hacer, podemos decir: "Dios, por favor, dame valor para hace esto". Y cuando pasa algo maravilloso, podemos decir: "¡Gracias, Dios, por todas las maneras en que me bendices!".

Vamos a rezar juntos ahora mismo, pidiéndole a Dios que nos ayude en las últimas preparaciones para nuestra Primera Comunión.

Padre amoroso, gracias por todas las maneras maravillosas en que me bendices cada día. Por favor, prepara mi mente, mi corazón, y mi alma para recibir a tu Hijo Jesús en la Eucaristía. Y ayúdame a recordar siempre que Tú quieres lo mejor para mí. Amén.

El Ayuno

Otra manera de prepararnos para recibir a Jesús en la Eucaristía es abstenernos de comer por una hora antes de la Misa. ¿Qué significa abstenernos? Significa dejar de hacer o tomar algo. Así es, no comemos ni tomamos nada excepto agua por una hora antes de la Misa.

El ayuno ha jugado un papel importante en ayudar a las personas a crecer espiritualmente por miles de años. Nuestros antepasados judíos ayunaban para decirle lo siento a Dios por sus pecados, para prepararse para eventos importantes, y ayunaban para poder ver la voluntad de Dios más claramente. Y Jesús fue al desierto y ayunó durante cuarenta días para prepararse para su misión

Cuando seas un adulto, la Iglesia te invitará a ayunar en ciertos días, como el Miércoles de Ceniza y el Viernes Santo. En este momento, la Iglesia te invita a ayunar por una hora antes de la Misa.

Ayunar nos hace estar más conscientes de la presencia de Dios. Nos recuerda cuanto dependemos de Dios y nos ayuda a oír su voz con mayor claridad. Ayunar nos recuerda nuestra hambre espiritual. Nos ayuda a acercarnos a Dios.

Recibir a Jesús en la Eucaristía es un privilegio asombroso. Nosotros nos preparamos rezando y ayunado.

Rezar, ayunar, y recibir a Jesús en la Eucaristía son herramientas que nos ayudan a perfeccionarnos y a convertirnos en la persona que Dios nos creó para ser, a crecer en virtud y a vivir una vida santa.

La Eucaristía Nos Capacita Para Hacer Grandes Cosas

La Eucaristía nos capacita para hacer grandes cosas por Dios. Por dos mil años, los cristianos hemos venido haciendo cosas maravillosas.

Los primeros cristianos cambiaron el mundo al mostrarle a todos cómo se vive en una comunidad llena de amor. Al hacer a un lado el egoísmo y al amarse los unos a los otros, se convirtieron en grandes testigos del amor de Dios y cumplieron la visión de Jesús: "Todos sabrán que ustedes son mis discípulos si se aman los unos a los otros" (Juan 13,35).

La Eucaristía también capacitó a los santos para hacer grandes cosas por Dios. Inspiró y capacitó a San Ignacio de Loyola para crear escuelas y universidades.

Santa Teresa de Calcuta acostumbraba sentarse ante la Eucaristía por una hora cada día para hablar con Jesús. Hacer eso le daba la fortaleza y el valor necesario para cuidar a los más pobres de los pobres.

Jesús en la Eucaristía le dio a San Francisco de Asís la fortaleza para reconstruir la Iglesia y la sabiduría para ayudar a hombres, mujeres, y niños a crecer espiritualmente.

Santa Teresa de Lisieux recibió de la Eucaristía la fuerza para hacer todas las cosas con amor todos los días de su vida, inclusive las pequeñas cosas.

La Eucaristía le dio a Santo Tomás de Aquino la habilidad para escribir grandes libros que han ayudado a las personas a descubrir la genialidad de la fe católica.

Dios ha utilizado la Eucaristía para capacitar a las personas a hacer grandes cosas por dos mil años. A mí me emociona mucho poder ver que es lo que la Eucaristía te capacitará a hacer a ti, y como eso se reflejará en tu vida.

De la Biblia: La Visitación

Cuando María estaba embarazada con Jesús, fue a visitar a su prima Isabel, que estaba embarazada con Juan el Bautista. Tan pronto como María llegó a la casa de Isabel, el bebé Juan oyó su voz y saltó de alegría.

Isabel sintió a Juan bailando en su vientre y el Espíritu Santo la ayudó a decir las siguientes palabras que ahora soy muy famosas: "¡Bendita tú eres entre todas las mujeres y bendito es el fruto de tu vientre! ¿Cómo he merecido yo que venga a mí la madre de mi Señor? Apenas llegó tu saludo a mis oídos, el niño saltó de alegría en mi seno" (Lucas 1,39-44).

María se quedó con Isabel tres meses antes de regresar a su hogar.

Jesús estaba en el vientre de María, es por eso que el bebé Juan bailó de alegría. El estaba muy emocionado de estar en la presencia de Jesús.

En las iglesias usualmente se puede ver una lucecita roja cerca del Sagrario o Tabernáculo. Esa luz significa que Jesús está en el Sagrario. María fue el primer Sagrario; Jesús estaba dentro de ella.

Después de recibir la Eucaristía, Jesús estará en ti. Eso debe darte mucha alegría.

Con Jesús vivo dentro de nosotros, somos llamados a ir al mundo como sus embajadores y discípulos. Tú puedes responder al llamado siendo bondadoso/a y generoso/a. Tú puedes hacerlo viviendo una vida santa. Tú puedes hacerlo motivando a otras personas.

Dios te está enviando en una misión, y esa misión es llevar su amor al mundo.

Tú Primera pero No Tú Última

Esta es tu primera pero no tu última Comunión. Cada domingo, durante la Misa tú puedes recibir a Jesús en la Eucaristía. Y si por algún motivo tienes la fortuna de ir durante la semana, tú puedes recibir la Eucaristía más de una vez a la semana. De hecho, muchas personas van a Misa todos los días.

Quiero animarte a recibir la Eucaristía tan frecuentemente como puedas, porque la Eucaristía nos llena del valor y la alegría necesaria para convertirnos en la-mejor-versión-de-nosotros-mismos, crecer en virtud y vivir la vida maravillosa que Dios quiere que vivamos.

Así como necesitamos alimentar el cuerpo para darle la nutrición y la energía que necesita, también necesitamos alimentar nuestra alma. Alimentamos el alma con la oración, leyendo la Biblia y por supuesto con la Eucaristía, el alimento supremo para el alma.

La Eucaristía es una gran bendición. Dios te ha bendecido.

Tu estas invitado/a, por el resto de tu vida, al gran banquete de Dios. Él es el anfitrión más generoso que ha vivido jamás. Dios nunca dejará de invitarte a compartir en su gran celebración y nunca se le acabará la comida para alimentar tu alma.

Puede ser que existan momentos en los que te alejes de Dios. Pero Dios nunca dejará de llamarte. Él nunca dejará de buscarte. Dios nunca dejará de animarte a que te conviertas en la-mejor-versión-de-ti-mismo/a, crezcas en virtud y vivas una vida santa.

Dios te ha bendecido.

Muestra lo que Sabes

Verdadero o Falso

1. **V** El día de tu Primera Comunión es un día muy especial.

2. **F** No estás listo/a para caminar con Dios, y no estás listo/a para recibir a Jesús en la Eucaristía.

3. **F** La oración no nos ayuda a prepararnos para recibir a Jesús en la Eucaristía.

4. **V** El ayuno hace que estemos conscientes de la presencia de Dios.

5. **V** Por el resto de tu vida tendrás una invitación abierta al gran banquete de Dios.

Llena los Espacios en Blanco

1. Dios Padre está muy _emocionado_ de saber que pronto recibirás a Jesús en la Eucaristía.

2. La Iglesia escoge este momento de tu vida para compartir la _eucarestia_ contigo porque has llegado a la edad de la razón.

3. Nos _preparamos_ para todo lo que es importante.

4. Los grandes campeones de nuestra fe son los _santos_.

5. La oración es una _conversacion_ con Dios.

6. El ayuno nos ayuda a _acercarnos_ más a Dios.

7. La Eucaristía nos llena con la _Sabiduria_ y el
Vallor para convertirnos en la-mejor-versión-
de-nosotros-mismos, crecer en virtud y vivir una vida santa.

8. La Eucaristía nos capacita para hacer _grandes_
cosas por Dios.

9. Después de recibir la Eucaristía, _Jesus_ estará
dentro de ti.

10. Dios te envía en una _Mision_ que consiste en
llevar su amor al mundo.

Lista de Palabras

GRANDES   EUCARISTÍA   CONVERSACIÓN   SABIDURÍA   MISIÓN
JESÚS   EMOCIONADO   VALOR   ACERCARNOS   PREPARAMOS   SANTOS

Diario con Jesús

Querido Jesús,

Yo espero que recibirte en la Eucaristía me inspire a . . .

ser una mejor persona
y poder ayudar a la
gente que necesite de mi
ayuda y mi apollo.

Oración Final

A lo largo de los Evangelios escuchamos como Jesús realizó milagros increíbles. El hizo caminar al paralítico, ver al ciego, y hasta resucitó a Lázaro de entre los muertos.

Jesús tiene el poder de transformar a todos los que entran en contacto con Él. A veces esa transformación se realiza en un momento, pero la mayoría de las veces se realiza lentamente durante nuestra vida.

Si permaneces cerca de Jesús en la Eucaristía, el poder de Dios también hará cosas increíbles en tu vida. La Eucaristía abrirá los ojos de tu alma y la curará del egoísmo y la ceguera, para que puedas amar generosamente.

Ahora recemos juntos:

> **Mi Señor y mi Dios,**
> **Creo firmemente que estás presente en la Eucaristía.**
> **Quítame la ceguera de los ojos,**
> **para que pueda ver a todas las personas y todas las cosas**
> **como Tú las ves.**
> **Quítame la sordera de los oídos, para que pueda**
> **oír Tu verdad y seguirla.**
> **Quítame la dureza del corazón, para que pueda**
> **vivir y amar generosamente.**
> **Dame la gracia de recibir la Eucaristía con humildad,**
> **para que puedas transformarme un poco más cada día**
> **en la persona que Tú me creaste para ser.**
>
> **Amen**.

6

La Familia de Dios

Dios nuestro, Padre amoroso,

gracias por todas las formas en que me bendices.

Ayúdame a estar consciente de que cada persona,

cada lugar, y cada aventura que experimento

es una oportunidad para amarte más.

Lléname con el deseo de cambiar y crecer,

y dame la sabiduría para escoger ser

la-mejor-versión-de-mí-mismo/a en

cada momento de cada día.

Amén.

Creados para la Misión

Ahora que has descubierto el poder sanador del perdón de Dios, y el poder transformador de la Eucaristía, es un buen momento para pensar y preguntarte por qué Dios te ha bendecido de tantas maneras.

Dios te ha bendecido porque te ama. Te ha bendecido porque quiere que vivas una vida maravillosa aquí en la Tierra y que vivas con Él en el Cielo, para siempre. Y Dios te ha bendecido porque Él te creó para la misión.

Dios le da una misión a cada persona. Puede tomar tiempo averiguar qué es exactamente la misión que Dios te está llamando a realizar. Lo bueno es que tú ya has aprendido cuál es la parte más importante de tu misión: llevar el amor de Dios a todas las personas que encuentres en tu camino.

Tú fuiste creado/a para la misión. Dios no te hizo solo para que te divirtieras. Dios no te creó para que desperdicies tu tiempo en cosas superficiales. Dios te creó para la misión.

Tu Familia Parroquial

¿Sabías que perteneces a la familia más famosa del mundo? Sí, es cierto. Dios te ha bendecido al ser parte de la Iglesia Católica. Y la Iglesia Católica es la familia más famosa del mundo.

En casi todos los lugares del mundo puedes encontrar una Iglesia Católica. Tú experimentas la Iglesia a través de tu parroquia local. Tu parroquia está compuesta de hombres, mujeres, niños y niñas como tú, que están tratado de convertirse en la-mejor-v-de-sí-mismos y de vivir una vida santa.

Cuando eras un/una bebé, tu familia te cuidó. Te alimentó, te bañó, y se aseguró de que tuvieras todo lo que necesitabas para crecer saludable y fuerte. Tu parroquia alimenta tu alma. Tu parroquia se asegura de que tengas lo que necesitas para crecer espiritualmente. Tu parroquia te ayuda a prepararte para tu Primera Reconciliación y tu Primera Comunión, para que así estés listo/a para la gran misión que Dios soñó para ti.

A lo largo de tu vida experimentarás momentos de mucha alegría, y momentos de decepción, fracaso, y tristeza. Todas estas experiencias son parte de la vida. Todos los experimentamos. Pero nuestra familia espiritual, nuestra parroquia, está ahí durante todos esos momentos para consolarnos y cuidarnos.

¡Dios te ha bendecido! La Iglesia Católica es la fuerza del bien más grande del mundo. Cada día, tu familia católica alimenta a millones de personas en todo el mundo. Por medio de tu generosidad y de la mía, juntos podemos darle casa a los que no la tienen y ropas a los que carecen de ellas, y además ayudar a cuidar a personas enfermas en todos los países del mundo.

¿Sabes por qué la Iglesia Católica hace todo esto?

Nosotros lo hacemos porque todos somos hijos de Dios. Nosotros somos una gran familia. Se nos ha dado la misión de llevar el amor de Dios a todas las personas de la Tierra. Y los miembros de una familia se cuidan unos a otros. La Iglesia Católica es la familia más grande del mundo, y tú eres parte de ella.

Tú tienes la bendición de ser católico/a.

Tu parroquia tiene la bendición de tenerte. Me alegra ver cómo usas tus talentos para servir a tu parroquia de diversas formas. Sabes, tu parroquia te necesita. Sin ti habría un gran hueco en tu parroquia. Tu parroquia te está ayudando a convertirte en la-mejor-versión-de-ti-mismo/a, y ella necesita que tú la ayudes a convertirse en la-mejor-versión-de-sí-misma.

Así es, Dios necesita que cada parroquia del mundo sea la-mejor-versión-de-sí-misma, para que juntas puedan servir de una manera poderosa a cada persona en la Tierra. Esa es una gran misión, ¿no es así?

Antes de subir al Cielo, Jesús les dijo a sus discípulos, "Vayan, pues y hagan que todos los pueblos sean mis discípulos. Bautícenlos en el Nombre del Padre y del Hijo y del Espíritu Santo, y enséñenles a cumplir todo lo que yo les he encomendado a ustedes". (Mateo 28,19-20). Hoy, Él nos da esa misma misión a ti y a mí. Él quiere que compartamos su amor y su mensaje con el mundo.

Haz la diferencia

Había una vez, un niño que vivía junto al mar. Todas las tardes caminaba por la playa. Un día, él notó que cuando la marea bajaba, dejaba cientos de estrellas de mar varadas en la arena. Él se dio cuenta de que las estrellas de mar morirían si se dejaban allí, así que empezó a recogerlas y a devolverlas al mar.

Cuando el niño llegó al otro extremo de la playa, un anciano venía caminando en dirección opuesta. Al ver lo que el niño estaba haciendo, le dijo: "¿Muchacho, qué estás haciendo? Lo que estás haciendo no tiene sentido. ¿Por qué no simplemente disfrutas tu caminata?".

El niño lo ignoró y siguió recogiendo las estrellas de mar y lanzándolas de vuelta al agua. Pero el anciano se acercó más, y le dijo al niño, "Muchacho, estás perdiendo tu tiempo. Hay cientos de ellas, quizás miles. Y habrá más mañana. Lo que estás haciendo no tiene sentido y no cambiará nada".

El niño sonrió, y agachándose en la arena recogió una estrella más y la tiró al agua tan lejos como pudo. Entonces se volvió al anciano y le dijo, "¡Si tiene sentido para esa! Y al tirarla al mar yo he hecho la diferencia para ella y todas las demás".

Puedes ser un gran futbolista o una cantante fabulosa, pero tu mayor talento es tu habilidad para hacer la diferencia en la vida de otras personas. Te asombrará cuánta alegría puedes llevarles a otras personas usando este talento.

Como discípulos de Jesús, siempre debemos buscar la manera de hacer la diferencia en la vida de otras personas. Esta es una de las formas de vivir la misión que Dios nos ha dado de llevar su amor al mundo.

Al igual que el anciano de la historia, habrá personas que traten de desalentarte. Pero el Espíritu Santo estará animándote constantemente, diciendo, "¡Puedes hacerlo!" "¡Tú eres asombroso/a!" "¡Puedes hacer la diferencia!" "¡Tú tienes lo que se necesita!".

Habrá momentos en los que no puedas hacerlo todo. Por ejemplo, hay millones de personas hambrientas en el mundo. No puedes darles de comer a todas, pero puedes ayudar a alimentar a una. No dejes que lo que no puedes hacer interfiera con lo que puedes hacer. Haz tu poquito. Si todos hacen su poquito, cambiaremos el mundo.

Jesús se ha entregado a ti en la Eucaristía. Ahora Jesús está enviándote al mundo en una misión. Hay un canto que a veces cantamos en la iglesia el cual resume perfectamente esta misión. Se llama "Ve Haz la Diferencia". Aquí tienes parte de la letra:

Ve haz la diferencia; podemos hacer la diferencia
Ve haz la diferencia en el mundo.
Ve haz la diferencia; tú puedes hacer la diferencia
Ve haz la diferencia en el mundo.

El Poder de la Oración

Otra manera poderosa que nos permite hacer la diferencia es rezar por otras personas. La oración es poderosa. La oración hace la diferencia.

Quizás escuches que un tornado al otro lado del mundo ha destruido casas y campos, y ahora las personas padecen hambre y dolor. Tú no puedes ir allá y ayudarlas, y puede que no tengas dinero para enviarles; pero siempre puedes rezar por ellas.

Cada día nuestra oración debe ser una gran aventura que nos lleve alrededor del mundo. La aventura de la oración puede empezar en tu propia casa, rezando por tu familia; tu puedes rezar por tus abuelos en California, o Nueva York, o Florida; por un amigo que se mudó a otra ciudad; por el Papa, en Roma, por los niños que padecen hambre en África, y por las personas que fueron lastimadas en un terremoto en China. La oración es una oportunidad para viajar alrededor del mudo.

La oración no se limita a este mundo. También rezamos por las almas en el purgatorio. Imagínate que estas en el purgatorio y que no hay nadie que rece por ti. Eso sería muy triste, así que debemos tomar un momento todos los días para rezar por las almas en el purgatorio.

La oración es una manera poderosa para hacer la diferencia. Nosotros podemos y debemos rezar por nosotros mismos, dándole gracias a Dios por todas las formas en que nos bendice y pidiéndole que nos ayude a cumplir nuestra misión. Nosotros también podemos y debemos rezar por los demás.

Dios te ha bendecido, y tú puedes bendecir a otras personas rezando por ellas.

De la Biblia:
Yo Siempre Estaré con Ustedes

El Viernes Santo, cuando Jesús estaba clavado en la cruz, los discípulos estaban tristes y confundidos. Ellos habían puesto todas sus esperanzas en Jesús, y ahora Él estaba muerto.

Los discípulos amaban a Jesús. Él había sido su maestro y su amigo. Ellos tenían la esperanza que Él, era el enviado de Dios que venía a salvarlos, justo como lo habían leído en las Escrituras. Pero ahora se había ido y se sentían abandonados y solos.

Imagina cuán larga fue la noche del viernes para ellos. Probablemente no pudieron dormir, pensando en todo lo que había pasado, y preguntándose qué pasaría después. Ellos probablemente tenían miedo de que las personas que mataron a Jesús tratarían de matarlos a ellos también.

Yo me pregunto qué hicieron el sábado. Me pregunto qué era lo que estaban pensando y de que hablaron entre ellos. Ese viernes y ese sábado fueron los peores días de su vida.

Pero el domingo por la mañana todo cambió. Jesús resucitó de entre los muertos. Él les había dicho que lo haría, pero quizás no entendieron, o se olvidaron, o tal vez ¡no lo creyeron!

Imagínate lo asombrados que estaban los Discípulos cuando Jesús resucitó de los muertos y luego Él se les apareció.

Durante los cuarenta días siguientes, Jesús se les apareció a muchas personas, para alentarlas en su misión y recordarles su gran amor.

Cuando llegó el momento de que Jesús ascendiera al Cielo, Él compartió un mensaje muy importante para todos nosotros. Él les dijo a los discípulos, "Ahora me voy para estar con mi Padre en el Cielo, pero dondequiera que estén en este mundo, yo siempre estaré con ustedes a su lado"

Adaptado de Mateo 28,20

Jesús ha mantenido su promesa por dos mil años. Él está contigo desde que te despiertas por la mañana y te levantas de la cama. Él va contigo a la escuela. Él está allí durante tus clases y en el recreo. Él te anima durante los partidos de fútbol y en el béisbol. Y en la noche, te arropa en la cama y te besa en la frente.

Jesús te ama y quiere estar contigo.

Él también está siempre con nosotros en la Eucaristía. Cada vez que visites una iglesia y veas esa lucecita roja encendida al lado del Sagrario, recuerda que Jesús está ahí contigo de una manera muy especial.

La vida es difícil, y con frecuencia tenemos que tomar decisiones importantes. Cuando yo tengo que tomar una decisión, me gusta ir a la Iglesia y sentarme a hablar con Jesús en el Sagrario. Yo le platico sobre la decisión que necesito tomar, y le pido que me aconseje. Luego, me quedo en silencio y dejo que Él le hable a mi corazón.

Jesús quiere que recuerdes que Él siempre está ahí para ti. Sea cual sea el reto que llegue a tu vida, tú nunca estarás solo/a, Jesús está a tu lado. Él es tu amigo y tu maestro.

¡Dios te ha bendecido!

Confiando en Dios

Nuestro Dios es un Dios de propósito, Él hace cosas a propósito.
Y él te creó para un propósito.

A medida que avanzas en la vida, busca el propósito en las cosas.
Comer es divertido y agradable, pero el propósito de la comida es
alimentar el cuerpo. Ir a la escuela y ver a tus amigos es fantástico,
pero el propósito de la escuela es aprender cosas nuevas. Ganar
al fútbol te llena de alegría, pero el propósito de los deportes es
ayudarnos a crecer fuertes y a estar saludables.

Al darnos cuenta que Dios tiene un propósito para todo, aprendemos
a confiar en Él y en los hermosos planes que tiene para nuestra vida.
Fíjate en el propósito de las cosas. Si alguna vez está confundido,
pregúntale a Dios, "¿Cuál es el propósito de. . .?"

La Biblia nos dice que hay un momento para cada cosa. Hay un momento para reír y un momento para llorar, un momento para plantar y un momento para arrancar lo plantado, un momento para nacer y un momento para morir, un momento para reír y un momento para llorar, un momento para hablar y un momento para escuchar. Y todo momento es bueno para confiar en Dios y en los hermosos planes que Él tiene para tu vida (Adaptado de Eclesiastés 3,1).

Este es un momento para que tú celebres. Tu Primera Comunión es uno de los grandes momentos de tu vida. La Eucaristía te ayudará a convertirte en la-mejor-versión-de-ti-mismo/a, crecer en virtud, y vivir una vida santa.

Puede que en algunos momentos de tu vida tú sientas que Dios está lejos. Pero no lo está. Puede que sientas que Dios te ha olvidado, pero Él nunca te olvidará. Él está siempre contigo, a tu lado.

La vida es un viaje maravilloso. Si en algún momento te sientes perdido/a o confundido/a, acude a Jesús y pídele que te guíe y te consuele. La Eucaristía nos recuerda que Dios está con nosotros y que Él quiere cuidarnos.

Hay un momento para todo y un propósito para todo. Pon tu confianza en Dios. Una oración muy sencilla que puedes repetir durante el día es: Jesús, en Ti confío.

Rézala una y otra y otra vez, "Jesús, en Ti confío. Jesús, en Ti confío. Jesús, en Ti confío".

Ha sido un placer para mí acompañarte en esta parte de tu camino.
Todos en Dynamic Catholic estamos rezando por ti, todos los
días. Esperamos que las lecciones que has aprendido durante tu
preparación para tu Primera Reconciliación y tu Primera Comunión
vivan contigo para siempre.

Dios te ha bendecido. Dios te ha bendecido al ser parte de la Iglesia
Católica. Dios te ha bendecido al darte la vida y al amarte. Trata de
acordarte de eso cada día. Cada mañana cuando te despiertes, y cada
noche cuando te acuestes, repite suavemente: "Dios me ha bendecido".

Muestra lo que Sabes

Verdadero o Falso

1. _V_ Dios te ha bendecido porque te ama.

2. _F_ Tu parroquia no te necesita para llevar el amor de Dios a los demás.

3. _V_ La oración es una manera poderosa para hacer la diferencia.

4. _F_ Jesús nos pide que enfrentemos el camino de la vida solos.

5. _V_ Dios te ha bendecido.

Llena los Espacios en Blanco

1. Dios te creó para la _mision_.

2. La Iglesia Católica es la fuerza más grande para hacer el _bien_ en el mundo.

3. Nuestra misión es llevar el _amor_ de Dios a todas las personas en la Tierra.

4. Tu _Parroquia_ es tu familia espiritual.

5. Tu mayor talento es tu habilidad para hacer la _diferencia_ en la vida de otras personas.

6. Dios tiene un _Proposito_ para todo.

7. La _oracion_ es una manera poderosa para hacer la diferencia.

8. La _eucarestia_ te ayudará a convertirte en la-mejor-versión-de-ti-mismo/a, a crecer en virtud, y a vivir una vida santa.

9. Cuando te sientas perdido o confundido, acude a _Jesús_ y pídele que te guíe y te consuele.

10. ¡Tú eres católico/a, estás vivo/a, eres amado/a, y Dios te ha _bendecido_ !

Lista de Palabras

ORACIÓN   PARROQUIA   EUCARISTÍA   MISIÓN   BENDECIDO

BIEN   JESÚS   AMOR   PROPÓSITO   DIFERENCIA

Diario con Jesús

Querido Jesús,

Quiero llevar tu amor a todas las personas porque . . .

Tu me has bendecido y yo quiero que todas las personas te conoscan para que pueden aser feliz.

Oración Final

Los exploradores llevan una brújula para no perderse. La brújula es una herramienta con una pequeña flecha que siempre apunta hacia el norte. De manera que, aún si no tienes idea de dónde estás, tu brújula te ayudará a encontrar tu camino a casa.

La vida es un gran viaje. Tú eres un/una explorador/a y Jesús es tu brújula. Habrá momentos en los que no sabrás qué hacer. Acude a Jesús durante esos momentos, Él quiere ayudarte a vivir una vida maravillosa.

Recuerda, tú no eres la primera persona en hacer este gran viaje, y tú no estás solo/a. Así como tú rezas por otras personas, otros están rezando por ti. Los ángeles y los santos están echándote porras y rezando por ti en el Cielo. Cada vez que tomas una decisión, ellos rezan para que escojas la mejor opción y que con la ayuda de Dios te conviertas en la-mejor-versión-de-ti-mismo/a.

Así que oremos con los ángeles y los santos para finalizar nuestro tiempo juntos:

Padre amoroso, gracias por todas las maneras en que me bendices.
Inspírame a compartir tu amor con todos los que se crucen
mi camino.
Nunca dejes que yo olvide que siempre estás conmigo.

Santa María, Madre de Dios. Ruega por nosotros.

San Miguel, Arcángel. Ruega por nosotros.

San Juan Bautista. Ruega por nosotros.

San José. Ruega por nosotros.

San Pedro. Ruega por nosotros.

San Pablo. Ruega por nosotros.

San Mateo. Ruega por nosotros.

Santa María Magdalena. Ruega por nosotros.

San Antonio. Ruega por nosotros.

San Francisco. Ruega por nosotros.

Santa Clara. Ruega por nosotros.

Santa Catalina. Ruega por nosotros.

Todos los hombres y mujeres santos de Dios.

Rueguen por nosotros.

Amén.

Mi Pequeño Catecismo

Tu fabuloso camino con Dios sólo está empezando. A lo largo del camino tendrás muchas preguntas. Las preguntas son buenas, Dios las pone en tu corazón y en tu mente por muchas razones diferentes. Sigue tus preguntas dondequiera que te lleven.

Será fácil encontrar respuestas para algunas de tus preguntas. Para ayudarnos a responder muchas de nuestras preguntas, nuestros líderes espirituales nos han dado el Catecismo de la Iglesia Católica. Las respuestas que encontramos ahí han sido reveladas por Dios y por la naturaleza a través de los siglos.

En las siguientes páginas, compartiremos contigo algunas preguntas que puedes tener sobre Dios y la vida. Las respuestas son fáciles de leer; pero, con frecuencia, son difíciles de vivir. Sin embargo, te ayudarán a convertirte en la-mejor-versión-de-ti-mismo, a crecer en virtud, y a vivir una vida santa.

En tu vida, habrá momentos en los que tendrás preguntas que no pueden ser respondidas con palabras en una página. Por ejemplo, a qué vocación estás llamado, o qué carrera debes ejercer. En esos momentos buscarás respuestas profundamente personales para preguntas profundamente personales.

Esas preguntas requieren mucha más paciencia. Busca el consejo de personas sabias que aman al Señor. Lee lo que hombres y mujeres sabios han tenido que decir sobre tales temas; pero, sobre todo, reza y pídele a Dios que te muestre su camino.

A medida que avanzas en este caminar, encontrarás a otras personas que también tienen preguntas. Ayúdalas lo mejor que puedas a encontrar respuestas. Todas las personas merecen respuestas para sus preguntas.

Y nunca, jamás, olvides que . . . ¡Dios te ha bendecido!

1. **P: ¿Quién te hizo?**

   R: Dios te hizo.

   En la Biblia: Génesis 1,1, 26-27; Génesis 2,7, 21-22
   En el Catecismo: CEC 355

2. **P: ¿Te ama Dios?**

   R: Sí. Dios te ama más que nadie en el mundo
   y más de lo que tú te podrías imaginar jamás.

   En la Biblia: Juan 3,16
   En el Catecismo: CEC 457, 458

3. **P: ¿Para qué te hizo Dios?**

   R: Dios te hizo para conocerlo, amarlo y llevar a cabo la misión que nos ha
   confiado en este mundo, y para ser feliz con Él para siempre en el Cielo.

   En la Biblia: Deuteronomio 10, 12-15; Juan 17,3
   En el Catecismo: CEC 1, 358

4. **P: ¿Qué es Dios?**

   R: Dios es un espíritu infinito y perfecto.

   En la Biblia: Éxodo 3,6; Isaías 44,6; 1 Juan 4,8 16
   En el Catecismo: CEC 198-200, 212, 221

5. **P: ¿Tuvo Dios un comienzo?**

   R: No. Dios no tuvo un comienzo. Él siempre fue y Él siempre será.

   En la Biblia: Salmo 90,2; Apocalipsis 1,8
   En el Catecismo: CEC 202

6. **P: ¿Dónde está Dios?**

   R: En todas partes.

   En la Biblia: Salmo 139
   En el Catecismo: CEC 1

7. **P: ¿Nos ve Dios?**

   R: Dios nos ve y nos protege.

   En la Biblia: Sabiduría 11,24-26; Jeremías 1,5
   En el Catecismo: CEC 37, 301, 302

8. **P: ¿Lo sabe todo Dios?**

   R: Sí. Dios lo sabe todo, hasta nuestros pensamientos más secretos, nuestras palabras y acciones.

En la Biblia: Job 21,22; Salmo 33,13-15; Salmo 147,4-5
En el Catecismo: CEC 208

9. **P: ¿Es Dios amoroso, justo, santo, y misericordioso?**

R: Sí, Dios es amoroso, todo justo, todo santo, y todo misericordioso — y nos invita a que también seamos amorosos, justos, santos, y misericordiosos.

En la Biblia: Juan 13,34; 1 Juan 4,8; Efesios 2,4
En el Catecismo: CEC 214, 211, 208

10. **P: ¿Hay un solo Dios?**

R: Yes, there is only one God.

En la Biblia: Juan 8,58; Isaías 44,6
En el Catecismo: CEC 253

11. **P: ¿Por qué hay solamente un Dios?**

R: Sólo puede haber un Dios, porque Dios es supremo e infinito, no puede tener un igual.

En la Biblia: Éxodo 3,14; Juan 8,58
En el Catecismo: CEC 253

12. **P: ¿Cuántas Personas hay en Dios?**

R: En Dios hay tres Personas Divinas, únicas y distintas y, sin embargo, iguales en todo — el Padre, el Hijo, y el Espíritu Santo.

En la Biblia: 1 Corintios 12, 4-6; 2 Corintios 13,13; Efesios 4,4-6
En el Catecismo: CEC 252, 254, 255

13. **P: ¿Es Dios el Padre?**

R: Sí.

En la Biblia: Éxodo 3,6; Éxodo 4,22
En el Catecismo: CEC 253, 262

14. **P: ¿Es Dios el Hijo?**

R: Sí.

En la Biblia: Juan 8,58; Juan10,30
En el Catecismo: CEC 253, 262

15. **P: ¿Es Dios el Espíritu Santo?**

R: Sí.

En la Biblia: Juan 14,26; Juan 15,26
En el Catecismo: CEC 253, 263

16. **P: ¿Qué es la Santísima Trinidad?**

R: La Santísima Trinidad es un Dios en tres Personas Divinas —
Padre, Hijo, y Espíritu Santo.

En la Biblia: Mateo 28,19
En el Catecismo: CEC 249, 251

17. **P: ¿Qué es el libre albedrío?**

R: El libre albedrío es un regalo increíble de Dios que nos permite tomar
nuestras propias decisiones. Este regalo increíble trae consigo una gran
responsabilidad.

En la Biblia: Sirácides15,14–15;
En el Catecismo: CEC 1731

18. **P: ¿Qué es el pecado?**

R: Un pecado es cualquier pensamiento, palabra, hecho,
u omisión deliberada contraria a la ley de Dios.

En la Biblia: Génesis 3,5, Éxodo 20,1-17
En el Catecismo: CEC 1850

19. **P: ¿Cuántas clases de pecado hay?**

R: Hay dos clases de pecado — venial y mortal.

En la Biblia: 1 Juan 5,16, 17
En el Catecismo: CEC 1855

20. **P: ¿Qué es un pecado venial?**

R: Un pecado venial es una ofensa leve a Dios.

En la Biblia: Mateo 5,19; 1 Juan 5,16-18
En el Catecismo: CEC 1855; 1863

21. **P: ¿Qué es un pecado mortal?**

R: Un pecado mortal es una ofensa grave a Dios y en contra de su ley.

En la Biblia: Mateo 12,32; 1 Juan 5,16-18
En el Catecismo: CEC 1855; 1857

22. **P: ¿Nos abandona Dios cuando pecamos?**

R: Nunca. Dios siempre está llamándonos, rogándonos que volvamos a Él y a su camino.

En la Biblia: Salmo 103, 9-10. 13; Jeremías 3,22; Mateo 28, 20; Lucas 15, 11-32
En el Catecismo: CEC 27, 55, 982

23. **P: ¿Qué Persona de la Santísima Trinidad se hizo hombre?**

R: La Segunda Persona, Dios Hijo, se hizo hombre
sin desprenderse de su naturaleza divina.

En la Biblia: 1 Juan 4,2
En el Catecismo: CEC 423, 464

24. **P: ¿Qué nombre se le dio a la Segunda Persona cuando se hizo hombre?**

R: Jesús.

En la Biblia: Lucas 1,31; Mateo 1,21
En el Catecismo: CEC 430

25. **P: ¿Cuándo el Hijo se hizo hombre, tenía una madre humana?**

R: Sí.

En la Biblia: Lucas 1,26, 27
En el Catecismo: CEC 488, 490, 495

26. **P: ¿Quién fue la Madre de Jesús?**

R: La Santísima Virgen María.

En la Biblia: Lucas 1,30. 31; Mateo 1,21-23
En el Catecismo: CEC 488, 495

27. **P: ¿Por qué honramos a María?**

R: Porque es la Madre de Jesús y también nuestra madre.

En la Biblia: Lucas 1,48; Juan 19,27
En el Catecismo: CEC 971

28. **P: ¿Quién fue el verdadero Padre de Jesús?**

R: Dios Padre.

En la Biblia: Lucas 1,35; Juan 17,1
En el Catecismo: CEC 422, 426, 442

29. **P: ¿Quién fue el Padre Adoptivo de Jesús?**

R: José.

En la Biblia: Mateo 1,19. 20; Mateo 2,13. 19-21
En el Catecismo: CEC 437, 488, 1655

30. P: ¿Es Jesús Dios, o es un hombre, o es ambos Dios y hombre?

R: Jesús es ambos Dios y hombre. Como la Segunda Persona de la Santísima Trinidad, es Dios; y como tomó una naturaleza humana de su madre María, Él es hombre.

En la Biblia: Filipenses 2, 6-7; Juan 1,14. 16; Juan 13,3; 1 Juan 4,2
En el Catecismo: CEC 464, 469

31. P: ¿Fue Jesús un hombre también?

R: Si, Jesús fue completamente Dios y completamente humano.

En la Biblia: Lucas 24,39; 1 Juan 4,2-3
En el Catecismo: CEC 464, 469, 470

32. P: ¿Qué día nació Jesús?

R: Jesús nació el día de Navidad en un establo en Belén.

En la Biblia: Lucas 2,1-20; Mateo 1,18-25
En el Catecismo: CEC 437, 563

33. P: ¿Qué es la Encarnación?

R: La Encarnación es la creencia que Jesús se hizo hombre.

En la Biblia: Juan 1,14; 1 Juan 4,2
En el Catecismo: CEC 461, 463

34. P: ¿Amó Jesús la vida?

R: Sí.

En la Biblia: Juan 10,10; Juan 2,1-12
En el Catecismo: CEC 221, 257, 989

35. P: Si Jesús amó la vida, ¿por qué murió en la cruz voluntariamente?

R: Murió en la cruz porque nos amó más a ti y a mí que a la vida.

En la Biblia: Romanos 5,8; Juan 15,13; Efesios 5,2
En el Catecismo: CEC 1825, 604

36. P: ¿Por qué Jesús sufrió y murió?

R: Para que nos fueran perdonados nuestros pecados, y viviéramos con Él en el Cielo para siempre después de esta vida.

En la Biblia: Juan 3,16; 2 Corintios 5,14-16
En el Catecismo: CEC 604, 618, 620

37. P: ¿Cómo llamamos el misterio de Dios hecho hombre?

R: El Misterio de la Encarnación.

En la Biblia: Juan 1,14; 1 Juan 4,2
En el Catecismo: CEC 461, 463

38. P: ¿Qué día murió Jesús en la cruz?

R: El Viernes Santo, el día después de la Última Cena.

En la Biblia: Juan 19,16-40; Mateo 27,33-50
En el Catecismo: CEC 641

39. P: ¿Qué día resucitó Jesús de entre los muertos?

R: El Domingo de Pascua o de Resurrección, tres días después del Viernes Santo.

En la Biblia: Mateo 28,1-6; Mc 16,1-8
En el Catecismo: CEC 1169, 1170

40. P: ¿Qué regalos recibimos como resultado de haber sido salvados por Jesús?

R: Al morir en la cruz, Jesús restauró nuestra relación con Dios y abrió una compuerta de gracia.

En la Biblia: Lucas 23,44-46 Romanos 3,21-26; 2 Corintios 5,17-21
En el Catecismo: CEC 1026, 1047

41. P: ¿Qué es la gracia?

R: La gracia es la ayuda que Dios nos da para que respondamos generosamente a su llamado a hacer lo que es bueno y correcto, a crecer en virtud, y a vivir una vida santa.

En la Biblia: Juan 1,12-18; 2 Corintios 12,9
En el Catecismo: CEC 1996

42. P: ¿Qué es la Fe?

R: La fe es un regalo de Dios, una virtud sobrenatural que nos permite creer firmemente todas las verdades que Dios nos ha revelado.

En la Biblia: Hebreos 11,1
En el Catecismo: CEC 1814

43. P: ¿Qué es la Esperanza?

R: La Esperanza es un regalo de Dios, una virtud sobrenatural que nos permite confiar firmemente en que Dios cumplirá todas sus promesas y nos llevará al Cielo.

En la Biblia: Romanos 8,24-25; 1 Timoteo 4,10; 1 Timoteo 1,1; Hebreos 6,18-20
En el Catecismo: CEC 1817, 1820-1821

44. **P: ¿Qué es la Caridad?**

R: La Caridad es un regalo de Dios, una virtud sobrenatural que nos permite amar a Dios sobre todas las cosas y a nuestro prójimo como a nosotros mismos.

En la Biblia: Juan 13,34; 1 Corintios 13,4-13
En el Catecismo: CEC 1822, 1823, 1825

45. **P: ¿Te dará Dios los regalos de la Fe, la Esperanza, y la Caridad?**

R: Sí, Dios da los regalos de la Fe, la Esperanza, y la Caridad gratuitamente a todos los que los piden sincera y consistentemente.

En la Biblia: 1 Corintios 13,13
En el Catecismo: CIC1813

46. **P: ¿Por cuánto tiempo me amará Dios?**

R: Dios te amará para siempre.

En la Biblia: Juan 13,1; Romanos 8,35-39
En el Catecismo: CEC 219

47. **P: ¿Cuándo ascendió Jesús al Cielo?**

R: El Jueves de la Ascensión, cuarenta días después de la Pascua de Resurrección.

En la Biblia: Hechos 1,9; Marcos 16,19
En el Catecismo: CEC 659

48. **P: ¿Cuándo descendió el Espíritu Santo sobre los Apóstoles?**

R: El Domingo de Pentecostés, cincuenta días después de la Pascua de Resurrección.

En la Biblia: Juan 20,21.22; Mateo 28,19
En el Catecismo: CEC 731, 1302

49. **P: ¿Qué quiere decir Redención?**

R: Redención quiere decir que la Encarnación, la Vida, la Muerte, y la Resurrección de Jesús pagaron el precio por nuestros pecados, abrieron las puertas del Cielo, y nos libraron del pecado y de la muerte.

En la Biblia: Efesios 1,7; Romanos 3,22-24; Romanos 4,25
En el Catecismo: CEC 517, 606, 613

50. **P: ¿Qué estableció Jesús para continuar su misión redentora?**

R: Estableció la Iglesia Católica.

En la Biblia: Mateo 16,18
En el Catecismo: CEC 773, 778, 817, 822

51. **P:** **¿Por qué creemos que la Iglesia Católica es la única y verdadera Iglesia?**

R: Porque es la única Iglesia establecida por Jesús.

En la Biblia: Mateo 16,18
En el Catecismo: CEC 750

52. **P:** **¿Importa a qué Iglesia o religión uno pertenece?**

R: Sí, para ser fieles a Jesús, es necesario permanecer
en la Iglesia que El estableció.

En la Biblia: Marcos 16,16; Juan 3,5
En el Catecismo: CEC 846

53. **P:** **¿Cuáles son las Cuatro Marcas de la Iglesia?**

R: Una, Santa, Católica, y Apostólica.

En la Biblia: Efesios 2,20. 4,3. 5,26; Mateo 28,19; Apocalipsis 21,14
En el Catecismo: CEC 813, 823, 830, 857

54. **P:** **¿Cómo preserva la Iglesia las enseñanzas de Jesús?**

R: Por medio de la Sagrada Escritura y la Sagrada Tradición.

En la Biblia: 2 Timoteo 2,2; 2 Tesalonicenses 2,15
En el Catecismo: CEC 78, 81, 82

55. **P:** **¿Cómo se diferencia el calendario de la Iglesia del calendario secular?**

R: El primer día del año de la Iglesia es el primer Domingo de Adviento,
no el 1° de enero. El calendario de la Iglesia gira alrededor de la vida,
muerte, y resurrección de Jesús. A lo largo del año de la Iglesia
se despliega el misterio de Jesucristo.

En la Biblia: Lucas 2, 1-20; 1 Corintios 15, 3-4
En el Catecismo: CEC 1163; 1171, 1194

Profundizando

En el curso del año, experimentamos la historia de Jesús a través de las
lecturas de la Misa, de los días de fiesta y de los días de precepto. El
calendario de la Iglesia hace esto para recordarnos que la historia de Jesús
no se trata simplemente de lo que pasó hace más de dos mil años. Se trata de
nuestra amistad con El hoy. Él misterio de su vida, de sus enseñanzas, y de la
gracia salvadora está desplegándose en tu vida y en la vida de la iglesia hoy.

56. **P: ¿Le dio Jesús una autoridad especial a uno de los Apóstoles?**

R: Sí, a Pedro, cuando le dijo "Te daré las llaves del Reino de los Cielos, y lo que ates en la tierra será atado en el Cielo, y lo que desates en la tierra será desatado en el Cielo".

En la Biblia: Marcos 3,16. 9,2; Lucas 24,34
En el Catecismo: CEC 552, 881

57. **P: ¿Quién habla con la autoridad que Jesús le dio a San Pedro?**

R: El Papa, que es el sucesor de San Pedro, el Obispo de Roma, y el Vicario de Cristo en la tierra.

En la Biblia: Mateo 16,18; Juan 21, 15-17
En el Catecismo: CEC 891

58. **P: ¿Cómo se llama el Papa actual?**

R: Papa Francisco.

En la Biblia: Mateo 16,18; Juan 21,15-17
En el Catecismo: CEC 936

59. **P: ¿Qué es la Sagrada Liturgia?**

R: El culto público a Dios de la Iglesia.

En la Biblia: Juan 4,23-24
En el Catecismo: CEC 1069, 1070

60. **P: ¿Qué actitud debemos tener cuando participamos en la Sagrada Liturgia?**

R: Debemos tener una actitud reverente en nuestro corazón y respeto en nuestras acciones y en nuestra apariencia.

En la Biblia: Hebreos 12,28
En el Catecismo: CEC 2097

61. **P: ¿Qué es un Sacramento?**

R: Un Sacramento es un signo exterior instituido por Cristo y confiado a la Iglesia, para dar gracia. La gracia lleva frutos a aquéllos que lo reciben con la disposición requerida.

En la Biblia: 2 Pedro 1,4
En el Catecismo: CEC 1131

Profundizando

Dios te da gracia para ayudarte a hacer lo que es bueno y correcto. Cuando te abres a Dios, también te da gracia para que seas bueno, generoso, valiente y compasivo con el prójimo. La gracia trae frutos buenos a nuestra vida. Una de las maneras más poderosas en las que Dios comparte su gracia con nosotros es por medio de los Sacramentos. Esta gracia nos ayuda a convertirnos en la-mejor-versión-de-nosotros-mismos, a crecer en virtud y a vivir una vida santa.

62. **P: ¿Cómo comparte Jesús su vida con nosotros?**

R: Durante su vida terrenal, Jesús compartió su vida con otras personas por medio de sus palabras y de sus obras; ahora, Él comparte la misma vida con nosotros a través de los Sacramentos.

En la Biblia: Juan 3,16
En el Catecismo: CEC 521; 1131, 1115-1116

Profundizando

A Dios le encanta compartir su vida y su amor con nosotros. Podemos experimentar su vida por medio de la oración diaria, de la Escritura, y sirviendo unos a otros. La manera más poderosa en que Dios comparte su vida con nosotros es por medio de los Sacramentos. La Misa dominical y la Reconciliación regular son dos Sacramentos que nos guían y nos alientan en nuestra jornada para convertirnos en la-mejor-versión-de-nosotros-mismos, crecer en virtud, y vivir una vida santa.

63. **P: ¿Cuántos Sacramentos hay?**

R: Siete.

En la Biblia: Juan 20, 22-23; Lucas 22, 14-20; Juan 7,37-39, Santiago 5, 14-16; Hebreos 5, 1-6; Mateo 19,6
En el Catecismo: CEC 1113

64. **P: ¿Cuáles son los siete Sacramentos, y cuáles has recibido tú?**

R: Bautismo, Reconciliación, Eucaristía, Confirmación, Orden Sacerdotal, Matrimonio, Unción de los Enfermos. Tú has recibido el Bautismo, la Reconciliación, y la Eucaristía.

En la Biblia: Juan 20, 22-23; Lucas 22, 14-20; Juan 7,37-39, Santiago 5, 14-16; Hebreos 5, 1-6; Mateo 19,6
En el Catecismo: CEC 1113

65. **P: ¿Cuáles son los Sacramentos que puedes recibir sólo una vez?**

R: El Bautismo, la Confirmación, y el Orden Sacerdotal.

En la Biblia: Efesios 4,30
En el Catecismo: CEC 1272

66. **P: ¿Cómo se lleva a cabo la iniciación cristiana?**

R: La iniciación cristiana se lleva a cabo con tres Sacramentos: el Bautismo, que es el comienzo de la nueva vida; la Confirmación, que fortalece nuestra nueva vida en Cristo; y la Eucaristía, que alimenta a los discípulos con el Cuerpo y la Sangre de Jesús para que seamos transformados en Cristo.

En la Biblia: Juan 3,5; He 8,14-17; Juan 6,51-58
En el Catecismo: CEC 1212; 1275

Profundizando

La vida es un caminar con Dios. El Bautismo, la Confirmación y la Primera Comunión son grandes momentos en nuestro caminar; son Sacramentos que obran juntos para ayudarte a vivir tu vida mejor. En el Bautismo, recibimos una nueva vida en Jesús; en la Confirmación, Dios nos recuerda que tiene una misión especial pata todos y cada uno de nosotros; y la Primera Comunión nos da la fuerza y la sabiduría para vivir esa misión sirviendo a Dios y a los demás.

67. **P: Cuando naciste, ¿tenías Gracia Santificante (una parte en la vida de Dios)?**
R: No.

En la Biblia: Colosenses 1,12-14
En el Catecismo: CEC 403, 1250

68. **P: ¿Por qué no nacemos con Gracia Santificante?**

R: Porque nacemos con el pecado original que es la pérdida de la Gracia Santificante.

En la Biblia: Génesis 3,23
En el Catecismo: CEC 403, 1250

69. **P: ¿Fue algún ser humano concebido sin pecado original?**

R: Sí, María en su Inmaculada Concepción.

En la Biblia: Lucas 1:28
En el Catecismo: CEC 491, 492

70. **P: ¿Cuál fue el pecado original?**

R: Adán y Eva fueron tentados por el diablo, y escogieron desconfiar de la bondad de Dios y desobedecer su ley.

En la Biblia: Génesis 3,1-11; Romanos 5,19
En el Catecismo: CEC 397

71. **P: ¿Hay realmente un diablo?**
R: Sí.

En la Biblia: 1 Juan 5,19; 1 Pedro 5,8
En el Catecismo: CEC 391

72. P: ¿Es más fácil ser malo o ser bueno?

R: Es más fácil ser malo, porque el pecado original nos ha dejado con una inclinación a pecar, llamada concupiscencia.

En la Biblia: Romanos 7,15-18
En el Catecismo: CEC 409, 1264, 2516

73. P: ¿Cuándo recibiste la Gracia Santificante por primera vez?

R: En el Bautismo.

En la Biblia: 2 Corintios 5,17
En el Catecismo: CEC 1265

74. P: ¿Qué es el Bautismo?

R: Es el Sacramento del renacer en Jesús que es necesario para la salvación.

En la Biblia: 2 Corintios 5,17; 2 Pedro 1,4; Gálatas 4,5-7
En el Catecismo: CEC 1266, 1277, 1279

Profundizando

El Bautismo es una gran bendición. Por medio de tu Bautismo te conviertes en miembro de la Iglesia Católica. Esta es otra razón maravillosa por la cual ser católico es una gran bendición. Por medio de tu Bautismo recibiste una nueva vida en Jesús. Tú fuiste hecho para la misión. Dios tenía esa misión en mente cuando fuiste bautizado y, desde entonces, cada día ha estado preparándote para tu misión. Descubrimos esa misión por medio de la oración, de los Sacramentos, y del servicio al prójimo. Dios no revela nuestra misión de una sola vez, Él la revela paso a paso.

75. P: ¿Cuáles son los frutos del Bautismo?

R: El Bautismo nos hace cristianos, nos limpia del pecado original y personal, y nos recuerda que somos hijos de Dios y miembros del Cuerpo de Cristo — la Iglesia.

En la Biblia: Gálatas 4,5-7
En el Catecismo: CEC 1279

Profundizando

En el Bautismo Dios nos da muchos regalos. Nos volvemos cristianos, nuestros pecados son perdonados, se nos da una nueva vida en Jesús, y Dios nos marca para una gran misión. Dios puede hacer todo esto por medio del poder del

Espíritu Santo. En el Bautismo, nuestra alma se inunda con el don del Espíritu Santo, el cual nos ayuda en nuestra jornada a acercarnos más a Dios. Todos y cada uno de los Sacramentos que recibimos están llenos de regalos, grandes y pequeños. Cada bendición nos recuerda que somos hijos de un Padre amoroso.

76. **P:** **¿Qué hizo el Bautismo por ti?**

R: El Bautismo te hizo miembro del Cuerpo de Dios, te hizo hijo/hija de Dios, y te libró del pecado original.

En la Biblia: 2 Corintios 5,17; 2 Pedro 1,4; Gálatas 4,5-7
En el Catecismo: CEC 1266, 1279

77. **P:** **¿Qué edad tiene que tener una persona para ser bautizada?**

R: Una persona puede ser bautizada a cualquier edad. Desde los primeros tiempos del cristianismo, el Bautismo ha sido administrado a bebés porque es una gracia y un regalo dado gratuitamente por Dios y no presupone ningún mérito humano.

En la Biblia: Hechos 2,37-39
En el Catecismo: CEC 1282

Profundizando

El amor de Dios es un don gratuito. No hay nada que puedas hacer para ganarlo o perderlo. Puedes ser tentado a pensar que es algo que hay que ganar; esto no es cierto. Dios te amó en la vida, y te amó en la Iglesia. No hiciste nada para nacer, y si fuiste bautizado de bebé, no hiciste nada para ser bautizado. No hiciste nada para merecer la vida o el Bautismo. Dios te da la vida y la fe gratuitamente.

78. **P:** **¿Quién administra el Sacramento del Bautismo?**

R: En una emergencia, cualquier persona puede administrar el Sacramento del Bautismo echando agua sobre la cabeza de la persona y diciendo "Yo te bautizo en el Nombre del Padre, y del Hijo, y del Espíritu Santo"; pero usualmente es administrado por un sacerdote o un diácono.

En la Biblia: Mateo 28,19
En el Catecismo: CEC 1284

Profundizando

No todas las personas son bautizadas de bebés, algunas no aprenden sobre Jesús hasta que son adultas. Pero Dios quiere que todos reciban la bendición del Bautismo. Él quiere que todos sean parte de su familia la Iglesia Católica, quiere que todos estén libres del pecado original. Él quiere que todos tengan una vida nueva en su Hijo Jesús y que pasen la eternidad con Él en el Cielo.

79. **P: ¿Cuánto tiempo permaneces siendo hijo de Dios?**
R: Para siempre.

En la Biblia: 1 Pedro 1,3. 4
En el Catecismo: CEC 1272, 1274

80. **P: ¿Puedes dejar de ser parte de la vida de Dios después del Bautismo?**
R: Sí.

En la Biblia: Marcos 3,29
En el Catecismo: CEC 1861

81. **P: ¿Podemos perder la nueva vida de gracia que Dios nos ha dado gratuitamente?**
R: Sí. La nueva vida de gracia se puede perder por el pecado.

En la Biblia: 1 Corintios 6,9; 2 Corintios 5, 19-21, 1 Juan 1,9
En el Catecismo: CEC 1420

Profundizando

En el Bautismo somos llenados con una gracia muy especial. Esta gracia nos bendice con una vida nueva y nos lleva a la amistad con Dios. Esa vida nueva puede lastimarse o perderse cuando pecamos. Cuando eso pase, no te preocupes, porque ¡Dios nos ha dado la bendición de la Reconciliación! Siempre que estemos sinceramente arrepentidos de haber pecado, podremos experimentar nuevamente la plenitud de la vida con Dios. ¡La Reconciliación es una gran bendición!

82. **P: ¿Cómo puedes perder la Gracia Santificante (una parte en la vida de Dios)?**
R: Cometiendo un pecado mortal.

En la Biblia: Gálatas 5,19-21; Romanos 1,28-32
En el Catecismo: CEC 1861

83. **P: ¿Cuál es peor, un pecado venial o un pecado mortal?**
R: El pecado mortal.

En la Biblia: 1 Juan 5,16
En el Catecismo: CEC 1855, 1874, 1875

84. **P: ¿Cuáles son las tres características que hacen a un pecado mortal?**

   R: 1. Desobedecer a Dios en algo serio.

   2. Hacer algo que sabes que es malo.

   3. A pesar de todo decidir libremente hacerlo.

   En la Biblia: Marcos 10,19; Lucas 16, 19-31; Santiago 2, 10-11
   En el Catecismo: CEC 1857

85. **P: ¿Qué pasa si mueres en estado de pecado mortal?**

   R: Vas al infierno.

   En la Biblia: 1 Juan 3,14-15; Mateo 25,41-46
   En el Catecismo: CEC 1035, 1472, 1861, 1874

86. **P: ¿Hay realmente un infierno?**

   R: Si, es el lugar de separación eterna de Dios

   En la Biblia: Isaías 66,24; Marcos 9,47. 48
   En el Catecismo: CEC 1035

87. **P: ¿Qué pasa si mueres con un pecado venial en tu alma?**

   R: Vas al purgatorio, donde eres purificado y perfeccionado.

   En la Biblia: 1 Corintios 3,14-15; 2 Macabeos 12,45-46
   En el Catecismo: CEC 1030, 1031, 1472

88. **P: ¿Qué les pasa a las almas en el purgatorio después de su purificación?**

   R: Van al Cielo.

   En la Biblia: 2 Macabeos 12,45
   En el Catecismo: CEC 1030

89. **P: ¿Hay realmente un Cielo?**

   R: Si; es el lugar de felicidad eterna con Dios.

   En la Biblia: 1 Juan 3,2; 1 Corintios 13,12; Apocalipsis 22,4
   En el Catecismo: CEC 1023, 1024

90. **P: ¿Puede cualquier pecado ser perdonado sin importar cuán grave sea?**

   R: Sí, cualquier pecado, no importa cuán grave es o cuántas veces es cometido, puede ser perdonado.

   En la Biblia: Mateo 18,21-22
   En el Catecismo: CEC 982

91. **P: ¿Cuál es el propósito principal del Sacramento de la Reconciliación?**

R: El propósito principal del Sacramento de la Reconciliación es el perdón de los pecados cometidos después del Bautismo.

En la Biblia: Sirácides 18,12-13; Sirácides 21,1; Hechos 26, 17-18
En el Catecismo: CEC 1421; 1446; 1468

Profundizando

Por medio del Bautismo nos convertimos en hijos de Dios, somos bienvenidos a una nueva vida de gracia, y se nos da la promesa del Cielo. A medida que crecemos, podemos hacer cosas que dañan nuestra relación con Dios; pero El sigue amándonos, y nos invita a participar regularmente en la Reconciliación para que nuestra amistad con Él siempre pueda ser tan fuerte como lo fue en el Bautismo. Si ofendemos a Dios, lo mejor que hay que hacer es decirle que lo sentimos yendo a la Reconciliación.

92. **P: ¿Cuales son otros nombres por los que se conoce el Sacramento de la Reconciliación?**

R: En diferentes lugares y en distintos momentos, también se le llama el Sacramento de la Conversión, de la Confesión o de la Penitencia.

En la Biblia: Marcos 1,15; Proverbios 28,13; Hechos 3,19; 2 Pedro 3,9
En el Catecismo: CEC 1423; 1424

Profundizando

Jesús te ama y quiere salvarte de tus pecados. Quiere salvarte porque quiere vivir en amistad contigo en la tierra y en el Cielo. Él quiere compartir su alegría contigo y que tú, compartas esa alegría con los demás. No importa qué nombre se use, el Sacramento de la Reconciliación restaura nuestra amistad con Dios y nos ayuda a convertirnos en la-mejor-versión-de-nosotros-mismos, a crecer en virtud, y a vivir una vida santa.

93. **¿Es el Sacramento de la Reconciliación una bendición?**

R: Sí, es una gran bendición de Dios.

En la Biblia: Salmo 32, 1-2; Romanos 4,6-8
En el Catecismo: CEC 1468; 1496

94. **P: ¿Quién comete pecados?**

R: Todas las personas pecan.

En la Biblia: Romanos 3,23-25; 1 Juan 1,8-10
En el Catecismo: CEC 827

95. P: ¿Cómo puede ser perdonado un pecado mortal?

R: Por medio del Sacramento de la Reconciliación.

En la Biblia: 2 Corintios 5,20-21
En el Catecismo: CEC 1446, 1497

96. P: Cuál es la manera común de reconciliarnos con Dios y con su Iglesia?

R: La manera común de reconciliarnos con Dios y con su Iglesia
es por medio de la confesión personal de todo pecado grave
a un sacerdote, seguida de la absolución.

En la Biblia: Juan 20,23
En el Catecismo: CEC 1497

Profundizando

Todos nos alejamos de Dios de vez en cuando. Cuando lo hacemos, es un buen
momento de ir al Sacramento de la Reconciliación y decirle a Dios lo siento.
Puedes ser tentado a caer en la trampa de pensar que tu pecado es demasiado
grande para que Dios lo perdone; mas no hay nada que puedas hacer para
que Dios deje de amarte. Las puertas de la iglesia siempre están abiertas y
Dios siempre está dispuesto a perdonarnos cuando sentimos haber pecado. ¡El
Sacramento de la Reconciliación es una gran bendición!

**97. P: Cuáles son las tres cosas que tienes que hacer para recibir el perdón de los
pecados en el Sacramento de la Reconciliación?**

R: 1. Estar sinceramente arrepentido de haber pecado.

2. Confesar todos los pecados mortales por su nombre y el número de veces
cometidos desde la última confesión.

3. Buscar la manera de enmendar tu vida.

En la Biblia: Romanos 8,17; Romanos 3,23-26
En el Catecismo: CEC 1448

Profundizando

Cuando pecamos nos volvemos intranquilos e infelices. Dios no quiere esto, así
que nos invita a ir a la Reconciliación para llenarnos con su alegría. Puede que
haya momentos en tu vida en que te sientas lejos de Dios; pero nunca pienses
que Dios no quiere que vuelvas a Él. Nunca pienses que tus pecados son
más grandes que el amor de Dios. El amor y la misericordia de Dios siempre
estarán esperándote en el Sacramento de la Reconciliación.

98. P: ¿Cuáles son las tres acciones que se nos piden realizar en el Sacramento de la Reconciliación?

R: Arrepentirnos de haber pecado, confesar los pecados al sacerdote, y tener la intención de expiar nuestros pecados cumpliendo la penitencia que nos da el sacerdote.

En la Biblia: 1 Juan 1,9
En el Catecismo: CEC 1491

Profundizando

La Reconciliación regular es una de las maneras más poderosas en que Dios comparte su gracia y su misericordia con nosotros. Dios nos pide que nos arrepintamos de haber pecado, que confesemos nuestros pecados en voz alta al sacerdote, y que hagamos un acto de penitencia para que nuestra amistad con Dios sea restaurada y fortalecida. Mientras más asistas a la Reconciliación, más llegarás a darte cuenta del poder increíble de la gracia y de la misericordia de Dios en tu vida.

99. P: ¿Quién tiene poder para perdonar los pecados?

R: Jesucristo por medio de un sacerdote católico.

En la Biblia: Juan 20,23; 2 Corintios 5,18
En el Catecismo: CEC 1461, 1493, 1495

100. P: ¿Puede el sacerdote hablar de tus pecados con otras personas?

R: No. El sacerdote tiene que guardar en secreto todos los pecados que le son confesados.

En la Biblia: 2 Corintios 5,18-19
En el Catecismo: CEC 1467

Profundizando

Si estás nervioso acerca de ir a la Confesión, está bien; estar nervioso es natural. Sólo entiende que el sacerdote está ahí para ayudarte; él no pensará mal de ti debido a tus pecados ni le dirá a nadie cuáles son. Por el contrario, estará feliz de que hayas ido a confesarte. Recuerda, el sacerdote está ahí para animarte, para extenderte el amor y la misericordia de Dios, y para ayudarte a crecer en virtud.

101. P: ¿Cuál es el propósito de la penitencia?

R: Después de haber confesado tus pecados, el sacerdote te dará una penitencia para que la cumplas. El propósito de estos actos de penitencia es reparar el daño causado por el pecado y restablecer los hábitos de un discípulo de Cristo.

En la Biblia: Lucas 19,8; Hechos 2,38
En el Catecismo: CEC 1459-1460

102. **P: ¿Con cuánta frecuencia debo ir a confesarme?**

R: Debes ir inmediatamente si estás en estado de pecado mortal; de otra manera, es recomendable que vayas una vez al mes, ya que es muy recomendable confesar los pecados veniales. Antes de la confesión, debes examinar tu conciencia cuidadosamente.

En la Biblia: Hechos 3,19; Lucas 5, 31-32; Jeremías 31,19
En el Catecismo: CEC 1457, 1458

Profundizando

A Dios le gustan las relaciones saludables, y el perdón es esencial para tenerlas. Asistir regularmente al Sacramento de la Reconciliación y pedir perdón, es una manera poderosa de tener una relación fabulosa con Dios. Muchos de los santos iban a la Reconciliación todos los meses, algunos aún con más frecuencia. Ellos sabían que ir a confesarse era la única manera de estar reconciliados con Dios. También sabían que nada les proporcionaba más alegría que tener una fuerte amistad con Jesús.

103. **P: ¿Nos reconcilia el Sacramento de la Reconciliación solamente con Dios?**

R: No. El Sacramento de la Reconciliación nos reconcilia con Dios y tambien con la Iglesia.

En la Biblia: 1 Corintios 12,26
En el Catecismo: CEC 1422, 1449, 1469

Profundizando

Dios se deleita en su relación contigo y en tu relación con la Iglesia. El pecado enferma tu alma, lastima a otras personas, y daña tu relación con Dios y con la Iglesia. Cuando nos confesamos, Dios nos perdona y sana nuestra alma. También sana nuestra relación con Él y con la Iglesia por medio del Sacramento de la Reconciliación.

104. **P: ¿Cómo experimentamos la misericordia de Dios?**

R: Nosotros experimentamos la misericordia de Dios en el Sacramento de la Reconciliación; también a través de la bondad, la generosidad, y la compasión de otras personas. La misericordia de Dios nos acerca a Él. También podemos ser instrumentos de la misericordia de Dios realizando obras de misericordia con bondad, generosidad y compasión.

En la Biblia: Lucas 3,11; Juan 8,11
En el Catecismo: CEC 1422, 1449, 2447

Profundizando

Algunas veces cuando hacemos algo que está mal, podemos estar tentados a pensar que Dios ya no nos amará. Pero eso nunca es cierto. Dios siempre te amará porque nuestro Dios es un Dios misericordioso. Él nos muestra su misericordia perdonándonos, enseñándonos y cuidando de nuestras necesidades físicas y espirituales aun cuando no lo merezcamos. Nos muestra su misericordia a través del Sacramento de la Reconciliación y a través de las acciones amorosas de otras personas. Dios te invita a propagar su misericordia perdonando al prójimo, rezando por otras personas, y cuidando de los necesitados.

105. P: :¿En qué lugar de la Iglesia está presente Jesús de una manera especial?

R: En el tabernáculo.

En la Biblia: Éxodo 40,34; Lucas 22,19
En el Catecismo: CEC 1379

106. P: ¿Quién es la fuente de todas las bendiciones?

R: Dios es la fuente de todas las bendiciones. En la Misa, alabamos y adoramos a Dios Padre como la fuente de toda bendición en la Creación. También le damos gracias a Dios Padre por enviarnos a su Hijo. Sobre todo, le expresamos nuestra gratitud a Dios Padre por hacernos hijos suyos.

En la Biblia: Lucas 1,68-79; Salmo 72,18-19;
En el Catecismo: CEC 1083, 1110

Profundizando

Dios te ha bendecido de muchas maneras; pero toda bendición viene de la primerísima bendición — ¡la vida! Dios te ha dado la vida y te ha hecho hijo/a suyo. ¡Esta es una bendición increíble! Una de las maneras más grandes en que podemos mostrarle a Dios nuestra gratitud es asistiendo a Misa. Al estar ahí todos los domingos y participando en la Misa, le muestras a Dios cuán agradecido estás por todo lo que Él ha hecho por ti.

107. **P: Verdadero o Falso. Cuando recibes la Eucaristía recibes un pedazo de pan que significa, simboliza, o representa a Jesús.**

R: Falso.

En la Biblia: Mateo 26,26
En el Catecismo: CEC 1374, 1413

108. **P: ¿Qué recibes en la Eucaristía?**

R: El Cuerpo, la Sangre, el Alma, y la Divinidad de Cristo.

En la Biblia: 1 Corintios 11,24; Juan 6,54-55
En el Catecismo: CEC 1374, 1413

Profundizando

Jesús está verdaderamente presente en la Eucaristía. No es un símbolo, es Jesús. Nosotros recibimos completamente a Jesús en la Eucaristía. Hasta la miga más pequeña de una hostia contiene a Jesús en su totalidad. El pan y el vino se convierten en Jesús en el momento de la consagración. Este es un momento increíble. En este momento Jesús vuelve a estar entre nosotros. Cada vez que vas a Misa, el pan y el vino son transformados en el Cuerpo y la Sangre de Jesús. Dios te ha bendecido al poder recibir a Jesús en la Eucaristía.

109. **P: ¿Qué es la Transubstanciación?**

R: El momento en que el pan y el vino de convierten en el Cuerpo y la Sangre de Jesús.

En la Biblia: Mateo 26,26; Marcos 14,22; Lucas 22,19-20
En el Catecismo: CEC 1376

Profundizando

Dios tiene el poder de transformar todas las personas y cosas con las que Él tiene contacto. Todos los días, en toda la Iglesia Católica, durante cada misa, Dios transforma el pan y el vino comunes en el Cuerpo y la Sangre de Jesucristo. Después de recibir a Jesús en la Eucaristía, muchos de los Santos rezaban para convertirse en lo que habían recibido. Dios respondió sus oraciones y transformó su vida ayudándolos a vivir como Jesús. Al igual que con los Santos, Dios puede transformar tu vida. Cada vez que recibes a Jesús en la Eucaristía de una manera meritoria, puedes volverte un poco más como Él. Al igual que Jesús, puedes amar generosamente, y servir de una manera impactante a todo el que encuentres.

110. **P: ¿Cuándo se transforman el pan y el vino en el Cuerpo y la Sangre de Cristo?**

R: Son transformados por las palabras y la intención del sacerdote en el momento de la consagración, durante la Misa. El sacerdote, pidiendo la ayuda del Espíritu Santo, dice las mismas palabras que Jesús dijo en la Última Cena: "Este es mi cuerpo que será entregado por ustedes. Este es el cáliz de mi sangre".

En la Biblia: Marcos 14,22; Lucas 22,19-20
En el Catecismo: CEC 1412, 1413

Profundizando

La Última Cena es la comida más famosa de la historia del mundo. En ese lugar hace más de dos mil años, Jesús se entregó completamente a sus discípulos. Cada vez que vamos a Misa, el sacerdote pronuncia las mismas palabras que Jesús dijo durante la Última cena. Cuando lo hace, el pan de trigo y el vino de uva se convierten en el Cuerpo y la Sangre de Jesús. ¡Asombroso! Jesús quiere entregarse completamente a ti igual que se entregó completamente a sus discípulos en la Ultima Cena. Jesús quiere ser invitado a tu vida, quiere animarte, guiarte, escucharte, y amarte. Él se ofrece a ti de una manera especial en la Misa, especialmente en el regalo asombroso de la Santa Eucaristía.

111. **P: ¿Cuáles son los beneficios de recibir el Cuerpo y la Sangre de Jesús en la Eucaristía?**

R: Cuando recibes a Jesús en la Eucaristía te unes más con el Señor, tus pecados veniales son perdonados, y recibes gracia para evitar los pecados mortales. Recibir a Jesús en la Eucaristía también aumenta tu amor por Él y refuerza el hecho que eres miembro de la familia de Dios — la Iglesia Católica.

En la Biblia: Juan 6,56-57
En el Catecismo: CEC 1391-1396

Profundizando

La Eucaristía nos da poder para hacer grandes cosas por Dios. Los santos hicieron cosas increíbles por Dios durante su vida y la Eucaristía fue la fuente de su fortaleza. Por medio de la Eucaristía nos acercamos más a Dios, nos alejamos más de los hábitos pecaminosos, y crecemos en el amor a Jesús y a la Iglesia Católica. La Eucaristía es el alimento supremo para tu alma y te dará la fuerza y el valor necesarios para servir a Dios y al prójimo de una manera impactante al igual que los santos.

112. **P: ¿Cuán importante es la Eucaristía para la vida de la Iglesia?**

R: La Eucaristía es indispensable en la vida de la Iglesia. La Eucaristía es el corazón de la Iglesia. Una de las razones por las que la Eucaristía es tan importante para la vida de la Iglesia es porque a través de ella Jesús une a todos los miembros de la Iglesia con su sacrificio en la cruz. Toda gracia que fluye del sufrimiento, la muere, y la resurrección de Jesús viene a nosotros a través de la Iglesia.

En la Biblia: Juan 6,51. 54. 56
En el Catecismo: CEC 1324, 1331, 1368, 1407

Profundizando

Jesús prometió estar siempre con nosotros, pase lo que pase. Él ha estado cumpliendo esa promesa por más de 2,000 años. Jesús está siempre con nosotros en la Eucaristía. La Eucaristía nos une a Jesús y a su Iglesia. También nos une unos a otros. Somos bendecidos al tener la Eucaristía. Sólo por medio de la Iglesia Católica podemos recibir el regalo de la Eucaristía. ¡Es una bendición ser católico!

113. **P: ¿Debes recibir la Eucaristía en estado de pecado mortal?**

R: No. Si lo haces, cometes el pecado mortal adicional de sacrilegio.

En la Biblia: 1 Corintios 11,27-29
En el Catecismo: CEC 1385, 1415, 1457

Profundizando

Sería terrible si Jesús viene a visitar tu casa y está tan desordenada que no puedes abrir la puerta para dejarlo entrar. No importa cuánto quiera Jesús ser parte de nuestra vida, Él nunca se nos impondrá. El pecado mortal le tira la puerta de nuestra alma a Jesús en su cara; rompe nuestra relación con Dios y previene que las gracias maravillosas de la Eucaristía fluyan en nuestro corazón, en nuestra mente, y en nuestra alma. La Reconciliación vuelve a abrir la puerta de nuestra alma y deja que Jesús entre en nuestra vida de nuevo.

114. **P: ¿Qué es un sacrilegio?**

R: El abuso de una persona sagrada, de un lugar sagrado, o de una cosa sagrada.

En la Biblia: 1 Corintios 11,27-29
En el Catecismo: CEC 2120

115. **P: Si estás en estado de pecado mortal, ¿qué debes hacer antes de recibir la Eucaristía?**

R: Debes confesarte lo antes posible.

En la Biblia: 2 Corintios 5,20
En el Catecismo: CEC 1385, 1457

116. **P: ¿Quién ofreció la primera Misa?**

R: Jesucristo.

En la Biblia: Marcos 14,22-24
En el Catecismo: CEC 1323

117. **P: ¿Cuándo ofreció Jesús la primera Misa?**

R: La noche del Jueves Santo, la noche antes de morir, en la Última Cena.

En la Biblia: Mateo 26,26-28
En el Catecismo: CEC 1323

118. **P: ¿Quién ofrece el Sacrificio Eucarístico?**

R: Jesús es el eterno Sumo Sacerdote. En la Misa, Él ofrece el Sacrificio Eucarístico por medio del ministerio del sacerdote.

In the Bible: Marcos 14,22; Mateo 26,26; Lucas 22,19; 1 Corintios 11,24
En el Catecismo: CEC 1348

Profundizando

La Ultima Cena fue la primera celebración eucarística; fue la Primera Comunión de los discípulos, y la primera vez que alguien recibió la Eucaristía. La Misa no es simplemente un símbolo de lo que pasó esa noche. Jesús está verdaderamente presente en la Eucaristía. Cada vez que comulgamos, Jesús se entrega a nosotros de la misma manera que se entregó a sus discípulos hace más de 2,000 años. En la Misa, Jesús obra a través del sacerdote para transformar el pan y el vino en su Cuerpo y su Sangre.

119. **¿Qué es el Sacrificio de la Misa?**

R: Es el sacrificio de Jesucristo en el Calvario, la conmemoración de la Pascua de Cristo, hecha presente cuando el sacerdote repite las palabras de la consagración pronunciadas por Jesús sobre el pan y el vino en la Última Cena.

En la Biblia: Hebreos 7,25-27
En el Catecismo: CEC 1364, 1413

Profundizando

Dios nos ama tanto que irá a extremos inimaginables para probar su amor por nosotros. El Viernes Santo, Jesús fue golpeado, fanfarroneado, burlado, escupido, maldecido, y crucificado. Jesús dio su vida por nosotros. El Domingo de Pascua, Jesús resucitó de entre los muertos. Lo hizo para que nosotros pudiéramos vivir una vida muy diferente aquí en la tierra y felizmente con Él para siempre en el Cielo. Cada vez que vamos a Misa recordamos la vida de Jesús, el camino que Él nos invita seguir, y los extremos increíbles a los que Él fue para mostrarnos su amor.

120. **P: ¿Quién puede presidir la Eucaristía?**

R: Solamente un sacerdote ordenado puede presidirla y consagrar el pan y el vino para que se transformen en el Cuerpo y la Sangre de Jesús.

En la Biblia: Juan 13,3-8
En el Catecismo: CEC 1411

Profundizando

Ser sacerdote es un gran honor y un gran privilegio. Los sacerdotes dan su vida para servir a Dios y a su pueblo. El sacerdocio es una vida de servicio. Uno de los supremos privilegios del sacerdocio es ocupar el lugar de Jesús y transformar el pan y el vino en la Eucaristía. Este privilegio está reservado solamente para los sacerdotes. Nadie más que un sacerdote puede hacerlo.

121. **P: ¿Cómo participamos en el Sacrificio de la Misa?**

R: Uniéndonos y uniendo nuestras intenciones al pan y al vino ofrecido por el sacerdote, que se convierten en el sacrificio de Jesús que Él ofreció al Padre.

En la Biblia: Romanos 12,1
En el Catecismo: CEC 1407

122. **P: ¿Qué incluye siempre la celebración eucarística en que participamos en la Misa?**

R: Incluye la proclamación de la Palabra de Dios; la acción de gracias a Dios Padre por todas sus bendiciones; la consagración del pan y el vino; y la participación en el banquete litúrgico recibiendo el Cuerpo y la Sangre del Señor. Estos elementos constituyen un solo acto de culto.

En la Biblia: Lucas 24,13-35
En el Catecismo: CEC 1345-1355, 1408

Profundizando

La Misa sigue una cierta formula que siempre se repite y nunca cambia. Puedes ir a Misa en cualquier parte del mundo y siempre encontrarás que es igual. En toda Misa leemos de la Biblia, le mostramos nuestra gratitud a Dios por la bendición de Jesús, somos testigos de la transformación del pan y el vino en el Cuerpo y la Sangre de Jesús, y recibimos a Jesús durante la comunión. En medio de esta gran rutina, Dios quiere sorprenderte. Podrías pasar toda la vida yendo a Misa cada día y al fin de tu vida todavía ser sorprendido por lo que Dios tiene que decirte en la Misa. ¡La Misa es verdaderamente asombrosa!

123. **P: ¿Qué papel juega la música en la Misa?**

R: La música sagrada nos ayuda a rendirle culto a Dios.

En la Biblia: Salmo 57,8-10; Efesios 5,19; Hebreos 2,12; Colosenses 3,16
En el Catecismo: CEC 1156

Profundizando

Algunas veces, cuando estamos orando puede ser difícil encontrar las palabras correctas para expresar cómo nos sentimos. Para ayudarnos, Dios nos da el gran regalo de la música sagrada. Durante la Misa habrá cantos de alabanza, cantos de adoración, cantos de petición, y cantos de acción de gracias. La música sagrada ayuda a elevar nuestro corazón a Dios y a unirnos como una comunidad clamando a Dios con una voz.

124. **P: ¿Cuál es el Día del Señor?**

R: El domingo es el Día del Señor. Es un día de descanso; un día para que se reúna la familia. Es el día principal para celebrar la Eucaristía porque es el día de la Resurrección.

En la Biblia: Éxodo 31,15; Mateo 28,1; Marcos 16,2; Juan 20,1
En el Catecismo: CEC 1166; 1193; 2174

Profundizando

El domingo es un día muy especial. La Resurrección de Jesús es tan importante que la celebramos todos los días en la Misa; pero cada domingo la celebramos de una manera especial. Lo hacemos descansando, pasando tiempo con la familia, y yendo a Misa. El Día del Señor es un día para maravillarse de todas las maneras asombrosas que Dios nos ha bendecido, y por eso es un día de agradecimiento.

125. **P: Es un pecado mortal dejar de ir a Misa el domingo o un día de precepto por tu propia falta?**

R: Sí.

En la Biblia: Éxodo 20,8
En el Catecismo: CEC 2181

126. **P: ¿Qué persona de la Santísima Trinidad recibes en la Confirmación?**

R: El Espíritu Santo

En la Biblia: Romanos 8,15
En el Catecismo: CEC 1302

127. **P: ¿Qué pasa en el Sacramento de la Confirmación?**

R: El Espíritu Santo desciende sobre nosotros y nos fortalece para que seamos soldados de Cristo, para que podamos propagar y defender la fe católica.

En la Biblia: Juan 14,26; 15,26
En el Catecismo: CEC 1303, 2044

128. **P: ¿Qué es la Confirmación?**

R: Es un Sacramento que perfecciona la gracia bautismal. Por medio de él recibimos el Espíritu Santo y somos fortalecidos en gracia para que podamos crecer en virtud, vivir una vida santa, y llevar a cabo la misión a la que Dios nos llama.

En la Biblia: Juan 20,22; Hechos 2,1-4
En el Catecismo: CEC: 1285, 1316

Profundizando

Cuando seas mayor, tendrás la bendición de recibir el Sacramento de la Confirmación. La Confirmación nos recuerda que en el Bautismo Dios nos bendijo con una misión especial y nos llenó con el Espíritu Santo. Por medio de la efusión del Espíritu Santo en la Confirmación, somos llenados con el valor y la sabiduría que necesitamos para vivir la misión que Dios nos ha dado. La Confirmación profundiza nuestra amistad con Jesús y con la Iglesia Católica; nos recuerda que somos hijos de un gran Rey. Será un momento especial en tu vida y ¡una bendición maravillosa!

129. **P: ¿Cuándo se recibe la Confirmación?**

R: En el oeste, la mayoría de los católicos recibe la Confirmación durante su adolescencia; pero en el este la Confirmación es administrada inmediatamente después del Bautismo.

En la Biblia: Hebreos 6,1-3
En el Catecismo: CEC 1306, 1318

Profundizando

El Bautismo, la Confirmación y la Primera Comunión son llamados Sacramentos de Iniciación. De una manera especial, los Sacramentos de Iniciación profundizan nuestra amistad con Jesús y con la Iglesia, nos llenan con lo que necesitamos para vivir la misión de Dios para nuestra vida, y nos inspiran para convertirnos en todo lo que Dios nos creó para ser. Es importante recordar que estos tres Sacramentos están conectados; que son la base de una amistad fabulosa con Dios en la tierra y, para siempre, en el Cielo. En algunas partes del mundo, y en momentos diferentes a lo largo de la historia, hay personas que los han recibido en distintos momentos según las tradiciones locales y consideraciones prácticas. Por ejemplo, hace cientos de años, es posible que el Obispo visitara un pueblo solamente una vez cada dos o tres años, y, por lo tanto, la Confirmación se celebraba cuando él visitaba. Aún hoy día, algunos niños reciben el Bautismo, la Primera Comunión, y la Confirmación al mismo tiempo.

130. **P: ¿Cuáles son los siete dones del Espíritu Santo?**
   R: Entendimiento, sabiduría, consejo, fortaleza, ciencia, piedad, y temor de Dios.

   En la Biblia: Isaías 11,2-3
   En el Catecismo: CEC 1830, 1831

131. **P: Antes de ser confirmado, le prometerás al Obispo que nunca dejarás de practicar tu fe católica por nada ni por nadie. ¿Hiciste esa promesa antes alguna vez?**
   R: Sí, en el Bautismo.

   En la Biblia: Josué 24,21-22
   En el Catecismo: CEC 1298

132. **P: La mayoría de las personas fueron bautizadas cuando eran bebés. ¿Cómo pudieron hacer esa promesa?**
   R: Sus padres y sus padrinos hicieron esa promesa por ellas.

   En la Biblia: Marcos 16,16
   En el Catecismo: CEC 1253

133. **P: ¿Qué clase de pecado es recibir la Confirmación en estado de pecado mortal?**
   R: Un sacrilegio.

   En la Biblia: 1 Corintios 11,27-29
   En el Catecismo: CEC 2120

134. **P: Si has cometido un pecado mortal, ¿qué debes hacer antes de recibir la Confirmación?**

R: Debes hacer una buena Confesión.

En la Biblia: 2 Corintios 5,20; Lucas 15,18
En el Catecismo: CEC 1310

135. **P: ¿Cuáles son las tres vocaciones tradicionales?**

R: Matrimonio, Orden Sacerdotal, y Vida Consagrada.

En la Biblia: Efesios 5,31, 32; Hebreos 5,6, 7,11; Salmo 110,4; Mateo 19,12; 1 Corintios 7,34-66
En el Catecismo: CEC 914, 1536, 1601

136. **P: ¿Cuáles son los tres votos que un hombre consagrado o una mujer consagrada toma?**

R: Castidad, Pobreza y Obediencia.

En la Biblia: Mateo 19,21; Mateo 19,12; 1 Corintios 7,34-36; Hebreos 10,7
En el Catecismo: CEC 915

137. **P: ¿Cuáles son los tres rangos (grados) del Orden Sacerdotal?**

R: Diácono, Sacerdote, y Obispo.

En la Biblia: 1 Timoteo 4,14; 2 Timoteo 1,6-7
En el Catecismo: CEC 1554

138. **P: ¿Para quién hizo Dios el matrimonio?**

R: Para un hombre y una mujer.

En la Biblia: Génesis 1,26-28; Efesios 5,31
En el Catecismo: CEC 1601, 2360

139. **P: ¿Pueden dos hombres o dos mujeres casarse?**

R: No.

En la Biblia: Génesis 19,1-29; Romanos 1,24-27; 1 Corintios 6,9
En el Catecismo: CEC 2357, 2360

140. **P: ¿Cuándo pueden empezar a vivir juntos una mujer y un hombre?**

R: Solamente después de su matrimonio.

En la Biblia: 1 Corintios 6,18-20
En el Catecismo: CEC 235

141. **P: ¿Cuáles son las tres promesas matrimoniales que se hacen mutuamente los esposos?**

R: Fidelidad, permanencia y estar abiertos a tener hijos.

En la Biblia: Mateo 19,6; Génesis 1,28
En el Catecismo: CEC 1640, 1641, 1664

142. **P: ¿Por qué es malo el aborto?**

R: Porque le quita la vida a un bebé en el vientre de su madre.

En la Biblia: Jeremías 1,5; Salmo 139,13
En el Catecismo: CEC 2270

143. **P: ¿Cuántos Mandamientos hay?**

R: Diez.

En la Biblia: Éxodo 20,1-18; Deuteronomio 5,6-21
En el Catecismo: CEC 2054

144. **P: ¿Cuáles son los Diez Mandamientos?**

R: 1. Yo soy el Señor, tu Dios. No tendrás otro dios más que a mí.

2. No tomarás el Nombre del Señor, tu Dios, en vano.

3. Recuerda guardar el Día del Señor.

4. Honra a tu padre y a tu madre.

5. No matarás.

6 No cometerás adulterio.

7. No robarás.

8. No darás falsos testimonios en contra de tu prójimo.

9. No codiciarás la mujer de tu prójimo.

10. No codiciarás los bienes de tu prójimo.

En la Biblia: Éxodo 20,1-18; Deuteronomio 5,6-21
En el Catecismo: CEC pp. 496, 497

145. **P: ¿Cuáles son las cuatro tipos principales de oración?**

R: Las cuatro tipos principales de oración son: adoración, acción de gracias, petición e intercesión.

En la Biblia: Salmo 95,6; Colosenses 4,2; Santiago 5,16; 1 Juan 3,22
En el Catecismo: CEC 2628, 2629, 2634, 2638, 2639

146. **P: ¿Cuán frecuentemente debes rezar?**

R: Todos los días.

En la Biblia: 1 Tesalonicenses 5,17; Lucas 18,1
En el Catecismo: CEC 2742

Reconocimientos

Este Proyecto comenzó con un sueño: Crear la mejor experiencia de Primera Reconciliación y Primera Comunión del mundo. Esperamos haber logrado ese sueño, no por nosotros, sino por las millones de almas jóvenes que experimentarán este programa.

Cientos de personas han derramado su tiempo, su talento, y su pericia en *Blessed/Dios te ha Bendecido*. Este es el resultado de años de investigación, desarrollo, y prueba. A cada uno de los que han contribuido en cada etapa del proceso — ustedes saben quiénes son — les decimos: ¡Gracias! Que Dios los bendiga y los recompense abundantemente por su generosidad.

Agradecimientos especiales a: Jack Beers, Bridget Eichold, Katie Ferrara, Allen and Anita Hunt, Steve Lawson, Mark Moore, Shawna Navaro, Father Robert Sherry, y Ben Skudlarek.

Más allá de las enormes contribuciones de talento, otros han sido increíblemente generosos con su dinero. *Blessed/Dios te ha Bendecido* fue financiado por un grupo de donantes increíblemente generosos. Ahora está disponible sin costo alguno para todas las parroquias en Norteamérica. Esta es una de las muchas maneras en que este programa es único.

Todo lo que ha sido históricamente grande ha sido logrado por personas que creyeron que el futuro podría ser mejor que el pasado. ¡Gracias por creer!

Ahora le ofrecemos a la Iglesia *Blessed/Dios te ha Bendecido* como un regalo, esperando que ayude a los católicos jóvenes a encontrar a Jesús y a descubrir la genialidad del catolicismo.

Blessed/Dios te ha Bendecido fue:

Escrito por: Matthew Kelly
Ilustrado por: Carolina Farias
Diseñado por: El Equipo de Diseñadores de Dynamic Catholic
Diseñadores principales: Ben Hawkins and Jenny Miller
Traducido al español por: Vilma G. Estenger Ph.D
Diagramación y edición en español: Justin & Lili Niederkorn

Ayuda a *Dios te Ha Bendecido* a ser La-Mejor-Versión-de-Si-Mismo

Dios te Ha Bendecido es diferente a otros programas en mil maneras. Una forma en la que es diferente es que siempre está cambiando y mejorando. Nosotros necesitamos tu ayuda en esto y lo puedes hacer enviándonos un correo electrónico. Escríbenos si encuentras un error tipográfico o si se te ocurre una forma divertida en que se pueda mejorar el programa. De esta manera nos aseguramos que año tras año *Dios te Ha Bendecido* pueda ser aún más dinámico.

blessed@dynamiccatholic.com

Blessed / Dios te ha Bendecido

The Dynamic Catholic First Communion Experience/
La Experiencia de la Primera Comunión de Dynamic Catholic
©2017 The Dynamic Catholic Institute y Kakadu, LLC.

ISBN 978-1-63582-003-4

10 9 8 7 6 5 4 3 2

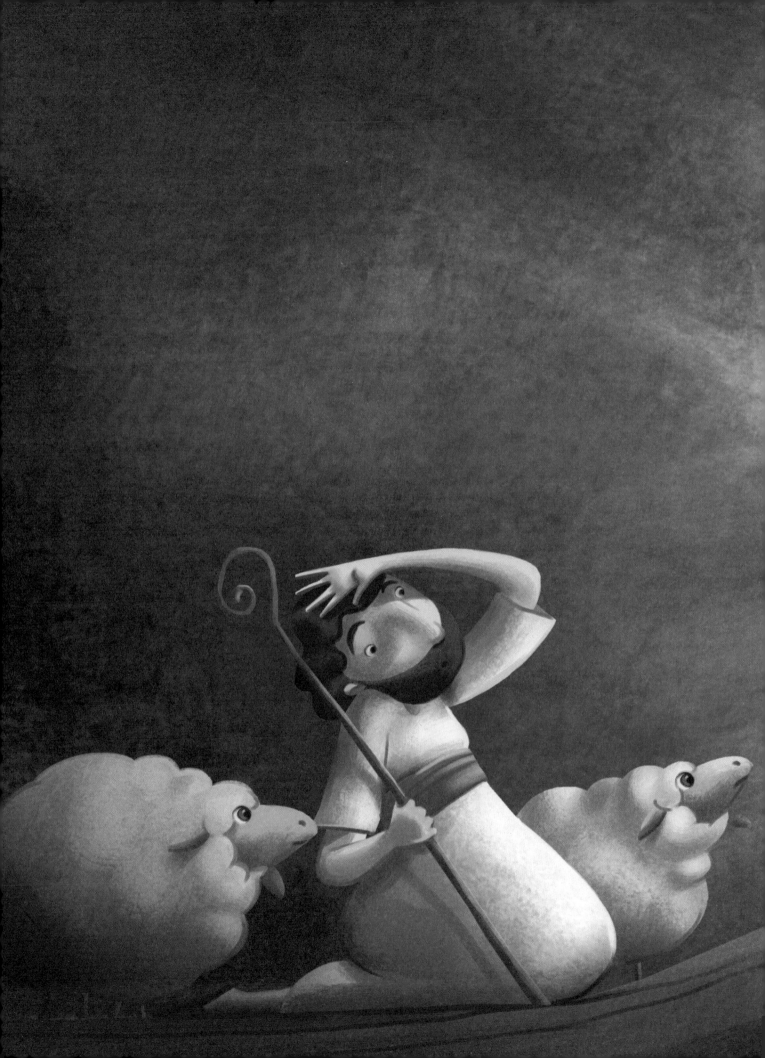